코로나 이후의 미래 19

코로나19 이후의 미래

초 판	1쇄 발행 2020년 6월 10일
개정판	3쇄 발행 2020년 7월 27일

지은이	이 경 상
발행인	황 세 연
편집장	이 동 영
디자인	디자인86
C T P	제일정판
인 쇄	광진인쇄
제 본	경신제책
발행처	도서출판 중원문화
주 소	서울특별시 마포구 서강로 11길 24
주문처	02-325-5534 FAX 02-324-6799
ISBN	978-89-7728-591-0(03320)

코로나 이후의 미래 19

KAIST 교수 **이 경 상** 지음

After Covid-19

목 차

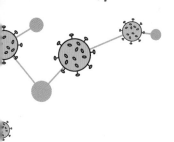

우한 수산시장에서 시작한 질병은 전 세계 사람을 죽음의 공포에 몰아넣고, 경제와 우리의 생활을 마비시켰다. 우리는 말로만 듣던, 나비효과(Butterfly Effect)가 얼마나 파괴적인지 몸소 체험하게 되었다. 그러나 더욱 무서운 것은 코로나 이후에 세계 경제 질서가 재편되고, 기업들이 도산하고, 일자리가 사라지게 되리라는 것이다. 코로나 이전으로 돌아가기에는 최소한 2년에서 5년이 걸릴 것이며, 이러한 질병이 계속 발생될 수 있는 경고를 받고 있다.

앞으로 어떤 변화가 올 것이고, 우리의 삶에 어떤 영향을 주게 될까? 그리고 나는 어떻게 미래의 삶을 계획하고 대처해 나가야 할까? 참으로 심각한 고민이고 그에 대한 해답이 필요한 시점이다.

산업과 공공 혁신 전문가로서 대학과 정부·기업에 강의와 자문을 하고 있는 나는 코로나 이후의 미래에 대한 연구를 통해, '세계에서 가장 먼저 코로나 위기를 딛고 일어나는 대한민국이 다가오는 위협 속에서 부강한 나라를 만드는 기회를 획득할 수 있다'는 확신을 갖게 되었다.

가지고 있는 지식과 통찰력을 동원하여 내가 운영하고 있는 유튜브 채널에 '코로나 이후, 미래 변화와 대응'이라는 주제의 8편의 변화 동영상을 제작하여 많은 독자들로부터 호응을 받았다. 또한 정부와 기업들로부터 많은 초청 강연을 요청 받으며, 다시 없는 기회를 성장과 부흥으로 연결하려는 위기에 강한 대한민국의 정신이 살아 있음을 느끼게 되었다.

그러던 어느날 도서출판 중원문화의 '황세연 대표'와의 만남에서 의기투합하여 이 동영상들을 도서로 만들어 더 많은 사람들, 특히 미래를 고민하는 젊은 세대에게 통찰력을 제공해 주자는 뜻을 세우게 되었다. 우리들은 그림만 봐도 읽을 수 있고, QR 코드로 연결된 유튜브 동영상으로도 읽을 수 있는 참신한 책을 만들기 시작했다. 이러한 생각을 현실로 옮기기 위해, 책상머리의 컴퓨터 자판기과 씨름하고 새벽의 여명을 졸린 눈으로 맛보았다. 이렇게 모두의 노력으로 탄생된 본 도서는 '코로나 이후 변화되는 삶'과 '인공지능과 5G'로 파괴되는 세상에서 올바른 변화를 추구하고자 하는 지식과 지혜가 담기게 되었다.

주역에 '궁즉변 변즉통 통즉구(窮卽變 變卽通 通卽久)'라는 말이 있다. 궁한 자는 변화하고, 모든 사람이 함께하는 변화는 오래도록 지속된다는 뜻으로 해석할 수 있다. 세계에서 가장 지혜롭고 과학적인 방법으로 코로나를 헤쳐 나온 첫 번째 국가인 대한민국의 개인·기업·정부가 변하고 통하는 데 본 저서가 일조하기를 바란다.

끝으로 나의 연구와 지식을 도서로 만들어 세상에 알릴 수 있게 기회를 주시고 열과 성을 다해 도와 주신, 출판사 직원들과 이경상 유튜브 사단에게 각별한 감사를 드린다.

저자 **이 경 상**

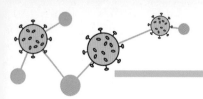

시작하며

코로나19 이후의 8가지 미래 변화

글로벌 경영환경 변화
1. 글로벌 공급 체인의 신규 재편
2. 기업 연쇄 도산과 2차 금융 위기
3. 위기 돌파형 시나리오 경영 再부상

개인 삶과 행동변화
4. 저소득 시대의 소비자 행동변화
5. 근무방식의 재택.원격.지능화

떠오르는 산업 변화
6. 디지털 영상 미디어 소비 시대
7. '오프+온+AI' 디지털 서비스 대변혁
8. 디지털 예방의학 산업의 부상

→ 대한민국의 미래 재설계

4차 산업혁명의 디지털 기술

2020년 3월 말에 미국 「맥킨지 컨설팅」(McKinsey Consulting)이 글로벌 CEO들에게 설문조사한 결과들을 발표했습니다. 이 설문내용은 "향후 '코로나19' 이후에 나타날 가장 큰 문제가 무엇이냐?" 하는 것이었습니다. 이 질문에 대하여 86%의 CEO들이 "경제 위협이 될 것이다"라고 대답하였습니다. 그런데 CEO의 90%는 그 위기는 아시아에서 시작될 것이라고 응답했습니다. 그 이유는 중국 리스크가 엄청나게 크다는 내용이었습니다. 그리고 거기에서 파생되는 위험이 또 다른 '코로나19'보다 더 크게 다가올 수 있다고 이야기하였습니다.

우리 경제는 지금 위험에 처해 있습니다. 우리는 '위기'라는 말을 많이 사용합니다. 그런데 이 말은 '위협'과 '기회'의 합성어라고 볼 수 있습니다. 영어로는 'Crisis'인데 이 단어의 어원을 찾아보면 그리스어로 'Krisis'라는 말입니다. 이 단어는 두 가지 의미를 갖고 있습니다. 하나는 '현재 상황에서 분리된다'라는 의미이고, 또 하나는 '판단하다'라는 뜻도 가지고 있습니다. 이 어원은 현 상황에서 새로운 상황으로 이동을 하는데, 이동을 하게 되면 기회와 위험이 동시에 따른다는 뜻입니다. 이때 관건은 이 위험으로부터 어떻게 슬기롭게 벗어나느냐 하는 것입니다. 결국 '위기'라는 말에는 위험+기회라는 의미를 넘어, 선도적이고 슬기로운 자는 "위험 속에서 자신의 강점과 약점을 활용하여 기회를 찾는다"라는 의미도 부여해 볼 수 있습니다.

필자는 우리나라가 제일 먼저 이 국면을 벗어날 것이라고 보고 있습니다. 중국, 일본, 한국 등 이 3개국은 실질적으로 굉장히 중요한 상황에 처해 있습니다. 역사적으로 볼 때 한국은 한 번도 중국을 넘어선 적도 없고, 또는 일본을 넘어선 적도 없습니다. 다시 말해 이 3개국 중에서 한 번도 1위를 한 적이 없습니다. 그런데 이 3개국은 동일하고 유사한 경제구조를 지니고 있습니다. 3개국 모두 제조 중심이고 브랜드 중심입니다. 태국이나 말레이시아처럼 부품 중심이 아니고 3개국 모두가 브랜드 중심입니다. 그래서 대한민국의 전자산업이 뜨면 일본의 전자산업이 죽고, 일본의 도요타가 잘나가면 한국의 현대자동차가 힘들어지고, 중국이 조선업에 뛰어드니까 한국의 조선업이 망가졌었고, 최근에는 중국에서 만든 배를 써 보니까 문제가 생기기 시작하자 다시 한국으로 돌아오게 되었습니다. 그래서 작년부터 최근까지 한국의 조선업은 부흥하고, 중국 조선업은 침몰하고, 이런 현상들이 3개국 간에 일어나고 있는 상황입니다.

그런데 이번 '코로나19'라는 기회를 통해서 한국이 엄청나게 부상될 것으로 필자는 내다보고 있습니다. 그 이유는 중국은 국가 부채는 많지 않지만 기업 부채가 세계 최고 수준으로 올라가 있고, 일본은 기업 부채보다는 국가 부채가 세계 1위입니다. 그래서 이러한 위기를 넘는 데 있어서 부채가 적은 대한민국이 기본적인 내성은 더 강하기 때문에 굉장히 큰 기회가 됩니다. 다시 말하면 우리가 '코로나19'의 위협을 벗어나는 기회를 잡으면 우리나라는 더욱 부강한 나라가 될 수 있다는 것입니다.

25년 후에 한국의 경쟁력은 어떻게 될까요? 이에 대해 예측한 지표가 있습니다. 스위스 로잔에 위치한 「국제경영개발연구원」, 곧 IMD에서 발표한 내용입니다. 우리가 현재 GDP 규모로는 세계에서 11위에서 13위를 오르락 내리락하고 있습니다. 그런데 앞으로 25년 후, 여러분의 손자들이 살게 되는 시대에는 세계 몇 위 국가가 될까요? 2016년 IMD는 20년 또는 25년 후에 우리나라의 국가 순위가 한 25위 정도로 내려갈 거라고 발표했습니다. 그런데 작년 발표에서는 28위가 되었습니다. 그러니까 매년 한 단계씩 떨어지고 있는 상황입니다. 그 이유는 혁신이 일어나지 않기 때문입니다. 실질적으로 혁신을 하겠다고 이번 정부 들어서도 많은 얘기를 했고, 박근혜 정부, 이명박 정부도 해왔지만 실질적으로 우리가 엄청난 혁신을 했느냐? 그렇지 않다는 이야기입니다. 우리는 R&D, 즉 Research & Development를 해야 하는데, 거꾸로 Recopy & Development를 자꾸 하려고 합니다. 왜냐하면 우리는 미국과 일본에서 좋은 점을 복사하여 경제성장을 이끌었기 때문입니다. 그런데 이제부터라도 새로운 창조적이고 창의적인 방식의 혁신이 일어나야 합니다. 미래의 4차 산업혁명의 시대에서 Recopy(남들을 복사하는 것)는 Deadcopy(죽음을 복사하는 것)를 의미하기 때문입니다. 즉, 자신만의 것을 창조하지 않으면 새로운 시대에서는 남보다 뒤처지거나 사라지게 될 것입니다. 변해야 하는 이유는 또 있습니다. 코로나19 이후에, 우리가 잠시 잊고 있었던 4차 산업혁명의 파괴적 혁신이 몰려 오리라는 것입니다. 숫자 '998834' 이게 무슨 뜻일까요? 젊은 분들은 한눈에 보이지 않는 숫자이지만, 나이가 든 분들은 많이 사용하는 것입니다. 99세까지 팔팔하게 살다가 3일 앓고 4일째에 죽으면, 이게 엄청난 행운이죠. 이게 인생의 로망입니다. 그런데 이 숫자를 언급하는 이유는 이제 4차 산업혁명이 눈앞에 있기 때문입니다. '코로나19' 이후, 코로나로 인하여 4차 산업혁명에 변화가 온다는 뜻입니다. 이게 합쳐지면 엄청나게 큰 변화가 야기될 수밖에 없습니다. 왜냐하면 산업혁명이라는 건 그 산업 경쟁방식의 근본적인 틀을 바꾸는 것이기 때문입니다. 지금까지 1차 산업혁명에서 3차 산업혁명까지 240

년이 지났습니다. 나누기 3을 해 보면, 한 번 왔다 하면 50년에서 100년 동안 영향을 주는 변화를 야기한다는 걸 알 수 있습니다. 다시 말하면 산업혁명이라는 것은 산업 내의 경쟁방식을 근본부터 바꾸는 장기간의 지속적 변화를 야기하는 것입니다. 자동차 산업의 예를 들면, 과거에는 경쟁의 기본 틀이 보기 좋은 외관, 고성능의 엔진, 좋은 연비에 대한 것이었습니다. 이런 기계적인 요인들이 가장 핵심적인 경쟁력을 좌우했습니다. 그런데 미래 자동차는 전기 무인자동차 시대가 됩니다. 즉, 미래 자동차는 엔진이 없고 그리고 인공지능이 운전하는 자동차입니다. 이러다 보니 엔진의 성능과 기계적인 성능이 중요한 게 아니고 좋은 '알고리즘'을 가진 인공지능을 얼마나 많이 훈련시켰느냐 하는 디지털 데이터가 경쟁력인 전쟁터로 바뀌게 됩니다. 그런데 한층 더 깊이 살펴보면, 전 세계 6,000조 시장의 변화를 이끌고 있는 기업들이 현재의 자동차 산업의 강자들이 아니라는 것입니다. 전기·자율·공유경제 자동차들은 누가 이끌고 있습니까? 자동차를 만들어 본 적도 없는 신흥 기업들이 기존의 경쟁 방식을 깨뜨리는 파괴적인 모델로 시장의 질서를 재편하고 있습니다. 신개념의 전기자동차를 이끄는 사람은 테슬라의 엘론 머스크(Elon Musk, 1971~현재)입니다. 머스크는 모바일 페이 결제시장을 주도하는 페이팔을 만든 사람입니다. 또 렌터카와 택시 시장을 파괴하고 있는 것은 우버(Uber)입니다. 무인자율자동차는 검색엔진과 유튜브를 주도하는 구글이 주도하고 있습니다. 구글은 2012년 세계 최초로 캘리포니아에서 도로 주행 면허를 받아, 실제 도로 주행시험을 160억 km를 훈련시켜, 3년 전부터는 거의 사고를 내지 않고 있습니다. 또한 세계 최초로 미국 애리조나주 피닉스시에서 약 850대의 자율자동차 택시 사업을 실제로 하고 있습니다. 이러한 변화로 인한 산업의 질서 재편은 자동차 산업에 머무르지 않습니다. 전기자동차의 등장은 엔진을 만드는 부품회사들의 40%를 사라지게 하고, 주유소와 정비소의 대부분을 사라지게 합니다. 공유경제 자동차는 렌터카 산업과 택시 산업의 종말을 예고하고 있습니다. 무인자율자동차는 어떤 시장들을 위협하게 될까요? 택시와 트럭기사들의 일자리를 위협할 것이라는 것은 여러분도 상상할 수 있을 것입니다. 그런데 자율자동차는 놀랍게도 자동차 보험시장을 파괴합니다. 내가 운전하지도 않았고, 훈련시키도 않은 인공지능이 낸 사고를 책임질 수 없기 때문에 미래 자동차보험은 제조자가 책임지는 것으로 변경되어, 자동차 보험시장이 위축될 것입니다. 또한 고속도로의 휴게소도 무용지물이 될 것으로 예측됩니다. 자동차산업의 파괴적 변화는 연속적으로 주변의 산업을 파괴하는 쓰나미로 작용할 것입니다.

세계적인 조사기관인 가트너그룹(Gartner Group)은 "모든 기업들은 디지털 대변혁의 전환을 시도하고 있다. 미래는 산업 내의 기업 간 경쟁의 시대가 아니다. 산업과 산업이 충돌하고 결합하면서 새로운 경쟁의 틀로 변화될 것이다."라고 2019년에 발표한 바 있습니다.

지금 닥치고 있는 코로나19는 공급망 파괴와 기업 도산 등 글로벌 경영환경을 위협하게 될 것입니다. 우리 개인의 일하는 방식을 재택·원격·협업·지능화 시킬 것이고, 일자리를 사라지게 하며 소득 수준을 저하시키는 위험을 가져다 줄 것으로 예견됩니다. 여기에 4차 산업혁명의 파괴적 모델이 결합되는 '코로나19의 미래'는 엄청난 변화를 야기할 수밖에 없다고 필자를 비롯한 세계적인 미래학자들이 말하고 있습니다.

이러한 통찰력으로 필자는 코로나가 글로벌 팬데믹으로 발전하자, 경제·사회·기술적 연구를 통해서 '코로나19' 이후에 또 다른 코로나 2.0이 올 것이라고 결론을 내리게 되었습니다. 즉, '코로나 엔터프라이즈 버전(Corona Enterprise Version)'이라 명명하는 경제적 질병이 번져서 기업 도산, 금융위기, 일자리 파괴, 개인 소득의 감소 등의 형태로 우리의 삶을 위협하게 될 것입니다. 또한 코로나2.0은 영상미디어 시대, 디지털 서비스 변혁, 예방과 돌봄의 헬스케어 시장의 촉진 등을 가져오고, 인공지능 콜센터 변화를 가속화하여 4차 산업혁명 시대를 더욱 앞당기게 될 것입니다.

'코로나19 이후의 미래'는 어떻게 펼쳐지게 될까요? 연구를 통해 8가지 변화로 압축하고 분류하였습니다. 이것은 크게 3가지의 범주로 분류할 수 있습니다. '글·개·떠'입니다. "**글**로벌 경영환경의 변화", "**개**인 삶과 행동의 변화", 그리고 코로나로 인하여 많은 산업들이 위기를 맞겠지만, 반면에 부상하는 산업들도 있습니다. 그래서 "**떠**오르는 산업"이라는 세 가지 범주의 8가지 핵심 주제를 여러분과 함께 살펴보도록 하겠습니다.

최근 문재인 대통령은 "코로나19 이후의 파괴되는 일자리를 지키기 위해 총력을 다하겠다. 이를 위해 DNA-US라는 디지털 뉴딜 정책을 펼쳐서, 일자리를 지키고 미래 4차 산업혁명 강국의 초석을 다지겠다."라고 선언한 바 있습니다. 이렇듯 정부도 코로나19 이후의 미래와 4차 산업혁명을 한 틀에서 생각하고 있습니다. 본 저서는 일자리 문제 뿐 아니라 경영환경, 국민의 삶 그리고 산업적 측면 등 다차원으로 이 슈를 살펴볼 것이기 때문에, 입체적 시각의 미래 인사이트(Insight)를 같이 공감할 수 있고, 더 양질의 정책을 펼치는 단초가 될 수 있다고 판단합니다.

세계 각국은 경제회복을 위해 디지털 뉴딜정책을 펼치게 될 것입니다. 기업들은 새로운 미래 경쟁의 틀을 디지털 대변혁을 근간으로 다시 짜게 될 것입니다. 그 근간에는 AI와 5G가 있습니다. 그래서 제2부에서는 4차 산업혁명, 그리고 AI와 5G로 변화되는 세상에 대하여 열한 가지 강의를 준비하였습니다. 제2부에서는 제1부에서 강의한 것을 토대로 현재 시작되고 있는 여러 가지 변화와 그에 따른 각종 내용들을 구체적으로 구성하였습니다. 그리고 각 강의마다 동영상 QR코드를 부착하였습니다. 문자로 전달하는 것과 음성으로 전달하는 데에는 차이가 있을 수 있습니다. 동영상에는 더 좋은 그래프나 그림들이 첨부되어 있어 이 책을 이해하는 데 더 많은 도움이 될 것으로 생각됩니다.

제1부

포스트 코로나,
교훈과 미래 대응

경제

제1강

글로벌 공급망이 재편된다

글로벌 허브의 재편

교훈 1 · 중국은 엄청난 영향력의 국가이다!

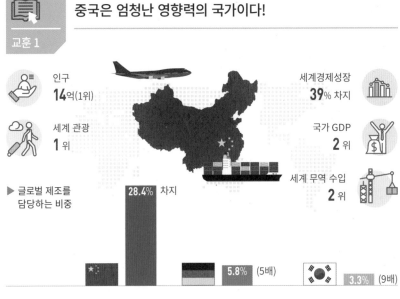

인구 **14**억(1위)

세계 관광 **1**위

▶ 글로벌 제조를 담당하는 비중

세계경제성장 **39**% 차지

국가 GDP **2**위

세계 무역 수입 **2**위

28.4% 차지

5.8% (5배)

3.3% (9배)

< 출처: 2018년 말 현황 Statista, 2020.2.18 >

첫 번째로 "글로벌 경영 환경 변화" 중에 "글로벌 공급체인이 새롭게 재편될 것이다"라는 미래의 변화에 대해서 살펴보도록 하겠습니다.

'코로나19'가 준 교훈 첫 번째입니다. 우리가 이번에 '코로나19'로 인해 겪어보니 중국으로부터 발생한 리스크가 미치는 영향이 엄청나게 컸다는 겁니다. 독자 여러분도 많이 느끼셨을 겁니다.

중국은 글로벌 제조의 허브 역할을 하고 있습니다. 어느 정도 차지하고 있을까요? 2018년 말에 중국은 세계 제조업에서 거의 28.4%를 책임지고 있었습니다. 제조왕국인 독일의 거의 5배이고요, 우리나라의 거의 9배의 규모로 큰 제조 허브입니다. 그래서 이런 중국이 흔들리게 되면 전 세계가 흔들리고, 우리나라가 흔들리고 또 미국이 흔들리고 하는 현상이 지속될 수 있습니다. 그러면 앞으로 미래는 어떻게 될까요?

미래의 예견 첫 번째입니다. 중국의 제조 허브 역할은 확실하게 줄어들게 될 것입니다.

미국의 경제잡지 「포춘」(Fortune)과 블룸버그 「비즈니스위크」(Bloomberg Business Week)지와 쌍벽을 이루는 「포브스」(Forbes)지는 '코로나19' 바이러스로 인해서 글로벌 제조 허브로서의 중국은 이제 종말이 될 것이다, 또는 종말이 시작될 것이라고 예견하고 있습니다. 또 미국 하버드 경영대학원 소유의 월간 경영학 잡지 「하버드 비즈니스 리뷰」(Harvard Business Review)는 '코로나19' 바이러스로 인해서 엄청난 공급 사슬의 파괴를 경험한 기업들은 이제 더 탄력적이고 다양한 국가로 제조 거점을 옮기는 현상들이 일어날 것이라고 예견을 하고 있습니다.

중국의 제조 허브 역할은 줄어들 것

교훈 2

- 중국의 불투명성과 국경 폐쇄는 글로벌 공급망에 충격을 주었다.(CNN)
- 코로나 바이러스는 **글로벌 제조 허브로서의 중국의 종말**이 될 것이다.
  (Forbes)
- 코로나 바이러스는 **더 탄력적인 공급체인의 필요성**을 증명했다.(HBR)

중국이 제조 허브인 애플은
2월 전년 대비 60% 감소한
50만 대 미만을 생산

삼성전자	**22**%
애플	**14**%

< 2020년 2월 말 현재 >

애플, 글로벌 제조업체들은 일부 생산 공장을 중국에서 베트남과 태국 등으로 옮기려고 하고 있다. - CNBC 2020.3.4

　이번에 가장 큰 경험을 한 곳은 바로 삼성전자와 세계 1, 2위 싸움을 치열하게 벌이고 있는 애플이었습니다. 중국은 애플 전체 매출의 15%를 차지할 뿐만이 아니고, 전 세계에 공급하는 아이폰을 기본적으로 생산해 주는 허브 역할을 해 왔습니다.

　그런데 '코로나19' 바이러스가 닥쳐오자 삼성은 '폴더블 폰'을 내놔서 완전 히트를 쳤습니다. 하지만 여기에 대항할 신제품을 만들어 놓은 애플은 2월에 아이폰 생산을 못 하는 상황이 되었습니다. 전년 대비 매출이 아닌 생산량이 60% 감소한 것입니다. 그 원인은 어디서 온 걸까요? 바로 중국이 멈춰 서면서 애플은 결정적인 타격을 받은 겁니다. 그래서 2020년 2월 말 현재 스마트폰 점유율 격차가 월등하게 벌어진 결과가 초래되었습니다. 삼성전자가 22%인 반면, 애플은 14%에 불과하였습니다.

상황이 이렇게 되니 애플 입장에서는 공장을 옮겨야겠다고 생각할 것입니다. 구글, 마이크로소프트뿐만 아니고 다양한 미국의 또는 유럽의 제조회사들이 중국에서부터 탈출해야겠다는 의식을 하고 있고 또 그런 계획을 지금 현재 찾고 있다고 미국 NBC에서 3월에 발표한 바 있습니다. 실제로 애플은 2020년 5월 19일에 'AirPods'을 중국이 아닌 베트남에서 생산할 것이라고 발표했습니다. 미국 트럼프 정권의 중국 때리기가 가속화되면서 글로벌 제조기업들의 중국 탈출(엑소더스)의 속도는 더욱 빨라지게 될 것입니다.

미래를 예견하는 두 번째 이슈

미래 1

글로벌 제조 공장, 어디로 갈 것인가?

의문의 인도
장점: 세계 2위의 인구
단점: 4계급 사회와 부의 편중

전략적 멕시코
장점: 북미와 유럽과의 지리적 근접
단점: 정치부패와 마약문제

대세 아세안
장점: 경제부흥 열기
단점: 낙후된 산업기반

그럼 기업들은 어디로 갈까요? 이건 굉장히 중요한 일입니다.

왜냐하면 그 글로벌 기업들이 옮겨 가는 지역은 부품을 만드는 기업들 입장에서는 새로운 사업의 확장 기회가 있기 때문입니다. 인건비 중심의 중국 부품회사들은 해외 진출이 매우 어려워집니다. 세계 최고의 생산로봇 비율을 가진 우리나라 부품회사들에는 새로운 기회의 창이 열릴 수 있습니다. 또한 글로벌 제조공장과 관련 부품 회사들이 옮겨진 국가의 경제는 활력이 더해지고, 소득수준이 높아질 것입니다. 따라서 우리나라의 생활용품 회사들의 부차적인 수출 확대의 길이 열리게 될 것입니다. 그러면 어느 나라가 될까요? 이는 면밀히 판단해 볼 필요가 있습니다.

그 대안으로 첫 번째로 떠오른 곳이 멕시코였습니다. 이를 전략적 대안이라고 부르고 있습니다. 지도에서 보시다시피 멕시코는 어디에 있습니까? 북미와 남미의 딱 중간 거점에 있습니다. 그래서 미국 기업들 입장에서는 중국보다 멕시코가 훨씬 물류비용도 적게 들고, 또 다양하게 교류도 쉽게 할 수 있으며, 봉쇄할 때는 같이 봉쇄할 수 있고 풀 때는 같이 풀 수 있는 중요한 전략적 거점이 됩니다.

멕시코는 인건비가 낮아 아주 큰 매력을 가지고 있으며, 또 44개국 이상과 FTA, 즉 자유무역협정을 맺어 놨습니다. 그래서 많은 세계기업들이 북미시장과 남미시장의 교두보로서 멕시코를 생각하고 있습니다. 그러면 현재 생산량이 18%이지만 5년 이내에 25%로 급성장할 것으로 예상이 되고 있습니다. 그래서 자동차 산업을 필수로 해서 북미 지역에 많이 팔리는 부가가치가 높은 제품들은 공장들이 대거 멕시코로 이동될 수 있다고 보고 있습니다.

그러나 멕시코에도 문제가 있습니다. 뭘까요? 정치적인 부패와 마약 등, 이런 부분에 대한 선결적인 문제 해결이 필요하다고 보고 있습니다.

어디로 가야 하는가? 두 번째는 인도입니다. 인도는 인구가 13억 6천만 명입니다. 중국에 이어 세계에서 두 번째이고, 곧 중국을 추월할 것이라고 전 세계가 생각하고 있습니다.

인도는 중국에 인접하고 있기 때문에 기업 입장에서는 공장을 옮기기가 상당히 좋은 조건입니다. 또 인구도 많고 시장이 매우 큽니다. 그래서 이 인도를 대체적인 대안으로 많이 생각하고 있습니다.

그런데 인도에도 문제가 없는 건 아닙니다. 첫 번째 문제는, IMF에 의하면 인도 부채가 GDP 대비 68.5%입니다. 이는 너무 높은 부채이기 때문에 국가적 문제가 될 수 있다고 경고를 하고 있습니다.

또한 두 번째 문제로 부(富)가 거의 편중되어 있다는 현실입니다. 독자 여러분들도 아시지만 네 개의 계급사회 아닙니까? 그래서 국민 1%가 나라 부의 53%를 갖고 있어서 이런 부의 편중 현상의 심화로 인하여, 향후 계급 간의 갈등이 유발될 수 있다는 게 하나의 위험성이라고 볼 수 있습니다.

세 번째는 2016년부터 2018년까지 소프트뱅크의 손정의 씨를 비롯해서 많은 투자자들이 인도의 IT 스타트업에 투자를 많이 했습니다. 그런데 대부분 실패했습니다. 왜 그럴까요?

첫째는 4계급을 유지하기 위해 정책을 쉽게 바꿀 수 없다는 문제, 두 번째는 인도의 계급 차별로 하위 계층의 똑똑한 인력을 활용하기 어려운 문제, 세 번째는 산업 인프라의 부족과 끈기 없는 인도인들의 국민성 때문입니다. 수행하다 좀 안 되면 그만두어 버린다는 겁니다. 이러한 사회 구성체제, 산업 정책 변화의 어려움들이 인도로 옮기는 것에 대한 위험성으로 내재되어 있습니다.

그럼 '어디로 가야 하는가?' 대세적으로 생각하는 지역이 있습니다. 바로 아세안(ASEAN) 입니다. 아세안은 1967년에 창설된 동남아시아 국가들의 정치적, 경제적 연합체로서 지금까지 서로 협력하며 자리를 잡아 왔습니다. 그동안은 이 지역 자체가 낙후되었기 때문에 주목을 받지 못했습니다. 하지만 최근에는 굉장히 주목을 받고 있습니다. 왜냐하면 이 지역에 있는 아세안의 인구가 6억 5천만 명을 넘어서고 있고, 전체 GDP와 무역액이 각 나라들이 서로 성장하면서 3천조 원의 거대 시장으로 발전을 했기 때문입니다. 따라서 이제 아세안이 대세가 되고 있습니다. 그래서 이 아세안에 많은 기업들이 진출할 것으로 예상이 됩니다.

그런데 주목받는 아세안이 이제 우리에게 기회가 된 겁니다. 왜 그럴까요? 선견지명(先見之明) 있게 2019년 이 아세안과 우리나라가 전략적 제휴를 맺었습니다. 이를 우리는 지금 '신(新)남방정책'이라고 말하고 있습니다. 이러한 지역과 우리가 전략적 제휴를 맺었기 때문에 더 쉽게 아세안 지역에 진출할 수 있는 기회가 우리에게 있다는 것입니다.

미래 변화 세 번째는 공급망 재편에 따른 기업들의 미래변화 과제입

지속가능하고 유연한 공급망 관리가 필요

미래 2

원자재 — 공급자 — 생산

고객 — 유통 — 배송

| 글로벌
분산화의 도전 | 제품 가용성의
유연한 확보 | 증가하는
물류비용 절감 | 온라인 중심
판매에 대비 |

니다. 공급망이 전체적으로 질서가 재편된다고 했습니다. 그렇게 되면 지속가능하고 유연한 공급망 관리가 필요할 수밖에 없습니다.

첫 번째는 뭘까요? 글로벌로 원자재나 또는 부품 공급이 분산화된다는 것입니다. 분산화된다면 어떤 문제가 있을까요? 어떻게 하면 비용을 최적화할 수 있느냐의 문제가 있습니다. 다시 말하면, 물류비용도 더 많이 들고요, 또한 여러 국가로 분산되어 있는 공장들에서 어떻게 하면 생산을 최적화 할까, 하는 운영 시스템과 관리 기법들의 도입과 발전이 있어야 할 것이고, 거기에 따라서 다양한 관리의 방법과 또 행동들도 수반이 돼야 합니다.

두 번째, 이번 '코로나19' 바이러스 사태에서 많은 기업이 직접 체험했지만, 장기간의 도시 또는 국경 폐쇄에 의해서 갑자기 판매해야 할 제품 부족 현상이 일어날 수 있습니다. 그렇다고 해서 재고를 많이 가지고 있으면 창고 비용이 상승할 수밖에 없습니다. 이 최적화된 것을 어떻게 유연하게 생산의 가용성과 제품 재고의 적정성을 유지할 것인가 하는 관리 기법들이 많이 필요하게 될 것입니다.

세 번째는 물류비용을 어떻게 최적화할 것인가에 대한 경영상의 과제도 대두될 것입니다. 생산으로서의 물류비용뿐만이 아니고, 생산 거점에서 최종 유저(user)에게 가는 물류비용도 급격하게 늘어나게 됩니다. 그래서 이런 비용을 어떻게 관리할 거냐 하는 것들도 매우 중요한 이슈가 됩니다.

네 번째는, 언제든지 오프라인에서 온라인 판매로 전환할 수 있는 능력을 갖춰야 됩니다. 이번 코로나19로 인하여 바이어와 공급자 간의 오프라인 만남을 할 수 없었습니다. 따라서 가상공간에서의 협력, 아마존 비즈니스와 같은 온라인 플랫폼 활용들의 새로운 변화가 필요합니다. 그래서 오프라인 판매망만 만들어지는 것이 아니고, 이제 B2B(Business to Business)를 비롯해서 B2C(Business to Customer) 시장 간에 온라인 판매에 대한 사전적 준비 태세가 필요하다는 것을 이번 교훈에서 배울 수 있었습니다. 이것은 매우 중요한 과제이기 때문에 "1부 제6강 (산업) 디지털 영상 미디어 소비시대가 온다"에서 더 상세하게 살펴보도록 하겠습니다.

글로벌 제조 공급망 분산화가 주는 미래 유레카!

자, 지금까지 뭘 배웠죠? 첫 번째, 수출 국가를 다변화 해야 됩니다. 이제 중국 의존도가 높은 기업들에는 조만간 큰 리스크가 옵니다. 또 다른 하나는 글로벌 제조 기업들이 멕시코, 인도, 또는 아세안으로 공장 거점을 옮기게 됩니다. 그렇게 되면 그 공장을 옮기는 곳에 새로운 우리의 수출 라인이 열리게 됩니다. 또 그 나라 국가의 경제 수준이 올라가면서 우리의 다양한 물건을 수출할 수 있는 기반이 되기도 합니다. 그래서 글로벌 제조 기업들이 어디로 움직이는가를 보고 그 흐름을 기회로 포착해야 됩니다.

두 번째는 뭘까요? 공급망이 분산화됨에 따라서 늘어나는 물류, 생산, 이런 비용의 최적화를 계속 관리 기법으로 개발하고 습득해 나가야 합니다.

세 번째는, 공급망이 다양해지고 복잡해지면 거기에 흘러가는 다양한 서류 작업이라든지 정보의 흐름이라든지, 이런 것들이 많은 위험을 갖게 됩니다. 또 상당히 많은 정보를 처리해야 되고 서류를 처리해야 하는 위험성이 있습니다. 또 관리비용이 증대합니다. 따라서 이런 것을 최적화하기 위해서 블록체인(block chain)과 같은 새로운 기술에 의한 공급 채널 관리 능력이 필요할 것으로 예상됩니다.

동영상 강의
https://www.youtube.com/watch?v=Qx0NMJAhwig&t=86s

제2강

기업 연쇄도산과
2차 금융위기에 대비하라

'코로나19' 영향의 극대화

이미 장기적 경기 침체의 징후가 보인다!

교훈 1

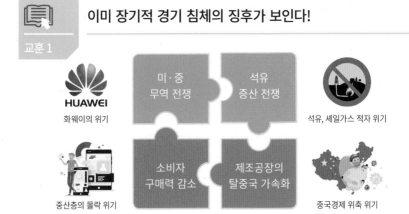

화웨이의 위기 · 미·중 무역 전쟁 · 석유 증산 전쟁 · 석유, 셰일가스 적자 위기 · 중산층의 몰락 위기 · 소비자 구매력 감소 · 제조공장의 탈중국 가속화 · 중국경제 위축 위기

이번 장에서는 두 번째 이슈를 다루겠습니다.

글로벌 환경이 변화하면서 '코로나19' 바이러스로 인한 영향이 극대화됩니다. 그러면 기업이 연쇄 도산될 거고, 제2차 금융 위기까지 도래할 수 있습니다. 이런 상황이 되면 우리는 어떻게 대응해야 할까요? 이

건 아주 중요하지 않을 수 없습니다.

'코로나19' 바이러스가 준 교훈 첫 번째입니다. '코로나19'로 인한 경기 침체가 단기가 아니고 장기화가 될 것이라는 예상입니다. 미국 「블룸버그」(Bloomberg) 통신이 4월 1일에 발표한 바에 의하면 세계 경제의 증시 현황은 계속 곤두박질치고 있습니다. 그러면서 이렇게 얘기했습니다. "세계 경제는 일시적인 후퇴가 아니다. 이제 대공황에 버금가는 장기적인 침체로 이어질 것이다."

교훈 두 번째입니다. 이미 이렇게 예견되는 경제 침체들의 징후들이 네 가지가 있다는 이야기입니다. 그 네 가지는 '코로나19' 바이러스뿐만이 아니고, 미중 무역전쟁, 또 4차 산업혁명, 이런 것들이 서로 얽히고 묶이면서 위험한 징후들로 나타날 수 있습니다.

첫 번째, 미중 무역전쟁에 의해서 많은 기업들이 중국발 리스크를 경험했습니다. 또 중국 업체 중에 「화웨이」는 이미 침체기에 들어갔습니다. 2019년 2월 글로벌 스마트폰 출하량이 반토막이 났습니다. 그래서 2020년 들어서 2개월 만에 「샤오미」에게 역전당하고, 중국 내에서도 「오포」라든지 「비보」라든지 이런 신규 경쟁자들에게 곧 추월 당할 것으로 예상되는 등 「화웨이」는 급락의 위험에 빠져 있습니다. 그런데 미국과 중국의 무역전쟁의 본질은 '4차 산업혁명 시대에서의 미래 패권전쟁'이라는 것입니다. 이 위협은 지속적이고 장기적이 될 것이고, 시간이 흘러가면서 중국 때리기는 홍콩과 대만에 대한 중국의 '일국양제'의 정책을 위협하면서, 중국 경제를 악화시킬 것입니다.

두 번째 위험은 러시아와 중동의 맹주 사우디아라비아가 석유 감산에 대한 협정이 불발됨에 따라서 서로 치킨게임이 벌어지게 되었다는 것입니다. 그래서 국제 유가가 계속 곤두박질치고 있지 않습니까? 거기에다가 그렇게 되니까 미국의 셰일 가스 업체들이 도산을 하기 시작하였습니다. 그러면 그것의 영향을 받는 다양한 석유와 관련된 산업들은 경기 침체가 예상될 수밖에 없습니다. 코로나19가 발생하자 세계 각국의 석유보관창고는 위기에 대비하여 석유 선점으로 가득 채워지게 되었습니다. 그런데 자동차 운전의 제한, 제조공장의 멈춤은 보관된 석유의 배출구를 막아 버린 것입니다. 즉 비쌀 때 사놓은 석유는 원가상승을 유발하여 석유산업의 채산성을 악화시키게 되었고, 이는 곧 석유산업의 위기로 이어지게 된 것입니다.

세 번째는 앞의 제1강에서도 이미 살펴봤지만, 탈 중국이 본격화되고 있다는 것입니다. 다시 말하면 중국이 제조 허브로서의 역할을 못하게 된 상황입니다. 글로벌 제조 공장이 이탈하면 해당 지역의 연관 부품산업과 의식주에 관련된 길거리 상권의 매출이 사라지게 됩니다. 바로 도시 공동화로 이어지는 위험에 빠지게 됩니다. 그래서 제조공장의 이전 또는 생산량 감소는 곧바로 중국 경제의 리스크로 이어지는 상황이 발생됩니다.

네 번째는 '코로나19' 바이러스로 인해서 일자리가 사라지고 소득이 저하되면서 소비자의 지갑이 점점 비어 간다는 것입니다. 그러면 당연히 구매력이 감소하게 됩니다. 구매력이 감소한다는 것은 기업 입장에서 매출이 줄어든다는 이야기입니다. 매출이 줄면 비용을 절감해야 되고, 임금을 삭감하고 종업원을 해고하게 됩니다. 그러면 또 경제가 나빠지고 그러면 매출이 줄고 비용을 절감하고… 이러한 상황이 반복되면서 기업은 더욱 어려워진다는 것이지요. 이러한 현상을 치즈 슬라이스(cheese slice) 위기라고 합니다. 이렇게 치즈를 자를 때처럼 조금씩 조금씩 갉아 먹으면서 대규모적인 경기 침체로 온다는 게 우리 미래학자들의 기본적인 생각입니다.

중국의 악몽은 시작되었다.

교훈 2

ING의 대 중국 경제학자 아이리스 팡(Iris Pang)
"중국의 악몽(Nightmare)은 이제 시작이다.
전 세계 공장이 운영을 중단하여 글로벌 공급망이 멈추고,
향후 수요가 감소하여 중국의 세계 공장 지배력은 약화될 것"

주요 국가 기업들의 평균 부채 비율

| 67% | 2018년 말 기준
대기업 76.3%
중소기업 56.2% | 100% | 200% |

그러면 이러한 '코로나19' 바이러스가 준 교훈 두 가지를 가지고 미래는 어떻게 변화할까 하는 것을 살펴보겠습니다.

첫 번째 변화는 뭘까요? 이제 중국의 나이트메어(nightmare), 다시 말하면 중국의 악몽은 이제 시작되었다는 이야기입니다. 중국 상무부가 2020년 3월에 발표한 바에 의하면, 중국의 소매업의 판매량이 작년에 비해서 2개월 동안 20.5%가 급감했습니다. 또한 산업 생산량은 13% 이상 감소했습니다.

중국 전문가들은 이렇게 얘기하고 있습니다.

가장 낙관적인 예측은 "중국 GDP가 6% 감소하는 것이다"라고 말합니다. 반대로 비관적인 상황은 뭘까요? 바로 마이너스 성장을 할 수도 있다는 이야기입니다.

얼마 전 「ING 이코노미스트」의 중국 경제 전문가인 아이리스 팡(Iris Pang)은 "중국의 나이트메어는 이제 시작이다. 전 세계 공장의 운영이 중단되고 글로벌 공급망이 멈추고, 향후 기업이 중국을 떠날 것이다. 그러면 중국의 세계 공장 지배력은 약화되고, 이로 인하여 중국의 부채가 급증하면서 외환 보유고는 엄청나게 하락하는 국면을 맞게 될 것이다"라고 말했습니다.

다시 말하면 중국발 리스크가 시작되었다는 이야기입니다. 이렇게 되면 중국 기업들의 도산이 먼저 나타나게 됩니다. 왜 그럴까요?

질병을 이겨낼 수 있는 인간의 힘은 면역력입니다. 그러면 기업의 면역력은 무엇일까요? 매출 감소와 경제 침체를 이겨낼 수 있는 기업의 힘을 판별하는 요소 중의 하나는 바로 부채 비율입니다. 부채는 갚아야 할 채무이기 때문에 갚지 못하면 도산하거나 법정관리의 상황이 되어 종업원을 해고하게 되고 금융에 타격을 주어, 국가 경제에 치명타가 되는 것입니다. 그런데 중국기업들의 부채 비율이 세계에서 가장 높습니다. 거의 200%에 육박하는 부채를 지니고 있습니다. 미국이 67%, 일본이 100%입니다.

우리나라는 어떨까요? 우리나라는 IMF를 겪으면서 기업의 부채 수준이 굉장히 낙관적인 지표를 보이고 있습니다. 2018년 말 기준으로 했을 때 대기업은 76%, 중소기업은 오히려 더 좋은 56% 정도의 부채비율을 가지고 있습니다. 그만큼 위기에 강한 내성을 가지고 있다는 이야기입니다. 즉 중국 기업들보다 3배는 더 오래 살아남을 수 있는 기업 질병의 면역력이 있다고 해석할 수 있습니다.

반면에 중국 기업들은 그렇지 못하기 때문에 이런 중국의 리스크가 나타났을 때 중국 기업들이 먼저 도산되기 시작할 거라는 이야기입니다. 이렇게 되면 두 번째 위기가 오게 됩니다.

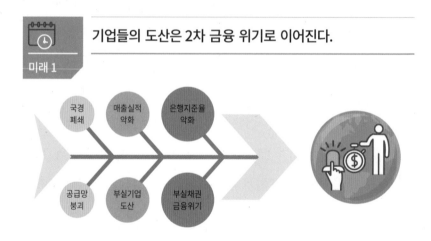

미래 1

기업들의 도산은 2차 금융 위기로 이어진다.

또한 기업들의 도산은 2차 금융위기로 이어질 수 있습니다. 중국 기업의 위기가 금융의 위기로 이어지는 미래 시나리오를 살펴보도록 하겠습니다. 최근 중국이 국경을 폐쇄하자 위험성을 느낀 기업들이 공급망을 분산시키고 있습니다. 그러면 지역경제가 나빠지고 관련 기업들의 매출 실적이 악화되고 부실기업은 도산됩니다. 그러면 대출을 해준 금융기관들이 이 부실채권을 떠안게 되고, 현금 보유가 줄면서 금융위기로 이어지게 될 것입니다. 2007~2008년 제1차 금융 위기는 모기지론(mortgagee loan)과 같은 파생 상품을 만들어 일반 서민들의 경제를 흔든 금융권만의 문제였기 때문에 빠르게 경제를 회복할 수 있었습니다. 그러나 미래 시나리오를 통해 예측되는 제2차 금융위기는 제조 인프라와 지역 경제의 파탄으로 야기되는 것이기 때문에 세계 경제에 치명적 타격을 주고, 경기침체를 벗어나는 데 새로운 장벽으로 작용할 수 있다는 이야기입니다.

이 위기가 가장 먼저 시작되는 곳이 중국이 될 가능성이 매우 높을 것이라는 것은 독자 여러분도 느끼고 있을 것입니다. 즉 중국으로부터 코로나2.0(코로나19 기업 질병)이 올 수 있는 개연성은 쉽게 예측할 수 있습니다. 그래서 중국 은행들의 기업 대출 상황을 살펴보면 이미 부실화가 시작이 되었음을 알 수 있습니다. 신용평가기관인 「Standard & Poor's」가 '코로나19' 바이러스 이후에 중국 상위 30개 은행들의 부실 대출 여부를 조사해 봤더니 엄청나다는 현실이 드러났습니다. 우리나라 돈으로 무려 9천 8백조 원에 달하는 부실 채권을 갖고 있다는 사실이 알려지게 된 것입니다. 게다가 중국중앙은행이 코로나로 어려움을 겪는 중소기업을 지원하기 위해 은행들이 보유한 현금(지급준비금, 위험에 대비하여 가지고 있는 돈)을 풀어 긴급대출 지원을 하는 정책을 발표하여, 기업들이 도산하면 은행의 도산 위기는 더욱 심각해지는 위험상황이 나타나고 있습니다.

여기서 GDP 성장률이 2%로 낮아져도 이 부실대출의 규모가 5배로 증가하여 5경 원에 이르는 최악의 상황을 맞을 수 있다는 것이 S&P의 분석입니다. 그런데 지금 중국의 2020년 경제 성장률을 어떻게 예측하고 있습니까? IMF는 중국의 경제성장률이 낙관적으로 0%, 비관적으로 마이너스 성장을 하게 될 것이라고 예측하고 있습니다. 이렇게 되면 중국 경제는 엄청난 파탄의 위기에 휩싸일 수밖에 없습니다. 결국 그 부실화가 전 세계로 또 한 번 닥쳐온다는 것을 알 수 있습니다. 이제 중국 공장들이 멈춰 서기 시작하고 있습니다.

미래 2

중국 리스크는 한국의 리스크로 연결된다!

- 한국 수출입 대상국 순위 -

수출대상국			수입대상국		
1위		중국	1위		중국
2위		미국	2위		일본
3위		EU	3위		EU
4위		일본	4위		미국

중국 수출 비중(26.1%)은 '미국+EU+일본'을 합한 비중과 같다.

하지만 우리나라에는 꼭 나쁜 점만 있는 건 아닌 것 같습니다. 요즘 독자 여러분도 우리나라 하늘을 보시겠지만 황사를 겪어야 될 3월부터 5월까지 하늘이 맑지 않습니까? 이는 중국 공장들이 멈춰 섰기 때문입니다. 물론 이런 점은 좋지만, 우리가 미리 대비를 해야 할 일이 많습니다. 왜냐하면 중국 리스크가 코로나19처럼 우리나라에게 제일 먼저 영향을 주게 될 것이기 때문입니다. 중국이 어려운데 왜 우리에게 리스크가 올까요?

중국은 우리나라의 수출 비중 1위, 수입 비중 1위 국가입니다. 중국에 수출하는 우리나라의 의존도는 일본, 미국, 그다음에 유럽연합을 합친 수치와 거의 동일합니다. 그만큼 큰 리스크가 우리에게 올 수 있습니다.

그러면 우리는 어떻게 해야 될까요? 수출과 수입의 다변화를 지금부터 모색해야 합니다. 중국의 의존도가 큰 기업은 정부가 나서서 기업들과 함께 헤쳐 나가야 합니다. 최근 일본과의 무역전쟁에서 불화수소 등의 문제를 정부와 기업의 공동협력으로 벗어난 것처럼, 민·관·연의 합동 작전을 펼쳐야 할 것입니다. 또 세계 공장의 흐름, 제조 공장의 이동에 함께 움직이는 선제적인 지혜를 발휘해야 합니다. 그래서 우리가 어떻게 중국 리스크를 선제적으로 준비를 하느냐에 따라서, 미래의 우리나라의 국가 경쟁력과 기업 경쟁력이 크게 달라질 수 있습니다.

그러면 앞으로 힘든 산업군은 어떤 산업이 되겠습니까? 이거 굉장히 중요하지 않겠습니까? 바로 중국이 앞으로 '코로나19' 이후에 약해질 8대 산업군이 있습니다.

자동차 부품, 그다음에 선박, 철도, 항공, 제조부품, 섬유, 이런 부분과 금속가공 등등, 이런 부분들은 중국의 영향력이 급속도로 약해질 부분들입니다. 그렇기 때문에 이런 것에 관련된 산업들이 위기에 봉착할 수 있습니다.

'코로나19'에 의한 위기산업

코로나로 도산이 위험한 산업들

1차 위험군 코로나 위기 영향	MICE 산업, 항공, 관광, 호텔, 무역, 석유산업, 자동차 산업, 골목 상권 등
2차 위험군 공급망 위기 영향	섬유, 자본재, 시멘트, 플라스틱, 고무 및 전자 제품 등 중국 의존도가 높은 기업, 조선업 등
3차 위험군 금융위기 영향	금융 산업 (은행, 보험), 자기 자본 취약 기업 중고가 생활용품 기업, AI 대체 가능 산업 등

이제 '코로나19' 바이러스로 인하여 위험에 빠질 수 있는 산업들을 살펴보겠습니다. 필자는 연구를 통해 단기-중기-장기적 관점에서 위험해질 수 있는 산업군을 분류하였습니다. 가장 먼저 위기에 빠진 산업군은 '코로나19'로 인해서 직접적인 영향을 받는 산업들입니다. 그게 바로 마이스(MICE) 산업입니다. 기업회의(Meeting), 인센티브 관광(Incentive tour), 국제회의(Conference), 전시(Exhibition) 등이 멈춰 섰습니다. 또한 항공, 관광, 호텔, 무역 등 국가간 이동이 멈춰 서면서 함께 정지해버린 산업들입니다. 그것뿐만이 아닙니다. 백화점, 오프라인 유통 그리고 위험에 빠진 골목 상권들이 있습니다. 그런 소상공인들이 먼저 위협의 위기에 빠지게 됩니다. 그러나 1차 위험군의 산업

들은 경기회복에 따라 살아날 수 있습니다. 정부는 이들 산업들에게는 경기회복이 예상되는 2년 이상의 기간 동안 생명을 연장할 수 있는 최소한의 지원을 연속적으로 해주는 정책을 펼쳐야 합니다. 한 번에 좋아질 수 없기 때문에 최소한의 자금을 중기적으로 지원하는 방안을 모색해야 합니다.

두 번째 2차 위험군은 바로 공급망이 분산화되면서 또는 중국의 위기로부터 함께 위험이 닥칠 수 있는 산업군들입니다. 바로 앞에서 살펴본 중국이 강한 산업인 섬유, 자본재, 시멘트, 플라스틱, 고무, 전자부품, 이런 것들을 수입하여 제품을 만드는 제조기업들은 곧바로 위험에 빠질 가능성이 매우 높기 때문에 지금부터 수입 다변화에 대한 대안을 만들어 놓아야 합니다. 또한 중국을 주요 타깃으로 수출을 하는 기업들은 다른 국가들에 수출 다변화를 꾀해야 합니다. 또 석유산업도 위험에 빠집니다. 그 이유는 러시아와 사우디아라비아, 미국 등의 3파전인 에너지 시장이 서로 경쟁이 심화되면서, 그로 인한 또 다른 위기가 몰려올 수 있다고 예상되기 때문입니다. 그리고 뿐만 아니라 조선업, 자동차 산업 등등 이런 부분도 대규모적인 '준비'가 필요합니다. 또한 대대적인 '혁신'만이 미래를 위한 대비가 될 것입니다.

그다음에 따라 오는 게 금융 위기 아니겠습니까? 금융 위기가 오면 어떤 현상이 올까요? 바로 금융산업, 다시 말하면 은행, 보험, 투자회사들, 이런 부분이 위험에 빠지게 됩니다. 어떤 산업이 또 있을까요? 바로 콜센터입니다. 이번에 기업들은 많은 경험을 했습니다. 사람 중심의 콜센터가 큰 위험에 빠졌습니다. 앞으로 인공지능이 콜센터를 대행하는 형식으로 급격히 변화될 것입니다. 그래서 콜센터 등 AI가 대체 가능한 산업들, 이 산업들은 미리 인공지능 기반 사업구조로의 변신, 신성장 동력 비즈니스의 진출 등 4차 산업혁명의 구조로의 변혁이 필요할 것으로 판단됩니다.

그리고 세 번째는, 자기 자본이 약한 기업들, 다시 말하면 부채 비율이 높은 기업들은 기업 질병의 면역력을 확보하기 위한 변화를 미리 해야 됩니다. 비용을 절감하고 자기 자본을 높이고 미래를 위한 대비를, 재무 건강을 회복해 놓아야 합니다.

네 번째는, 사람들 주머니가 비면서 중(中)가, 또는 고(高)가의 제품들의 구매력이 뚝 떨어지게 됩니다. 그렇기 때문에 중·고가 생활용품을 만들거나 판매하는 이런 기업들은 새로운 변화, 다시 말하면 고객의 소비자 행동이 어떻게 변하는가를 잘 예의주시하고 거기에 맞춰서 대비를 해야 될 것으로 판단이 됩니다.

'기업의 연쇄 도산과 제2차 금융 위기에 대한' 미래 유레카

그 세 가지 살펴보도록 하겠습니다.

첫째, 이제 기업들은 수출 국가를 다양하게 해야 합니다. 특히 중국 의존도가 높은 기업들은 빠르게 수출 다변화를 모색해 놓아야 합니다. 그리고 새로운 경영 환경이 주는 기회를 포착해야 합니다.

새로운 경영 환경이 주는 기회라는 건 뭘까요? 공급선이 다변화되면서 다른 나라로 이동될 때, 그 나라의 경제가 좋아지는 기회가 있고요. 또 4차 산업혁명이 주어지면서 거기에 맞춰서 여러 가지 좋은 블루오션의 기회가 있습니다. 그것으로의 이동을 시작해야 합니다.

미래 유레카 두 번째는 뭘까요? 기업들은 재무 능력, 즉 재무 건강을 잘 유지시켜 놓아야 합니다. 다시 말하면, 부채 비율이 너무 높아지지 않도록 굉장히 세밀한 관리가 필요합니다. 이 부분은 높아질 수밖에 없습니다. 지금 위기가 오면서 기업은 계속 매출이 적어지니까 부채 비율은 늘어날 수밖에 없습니다. 이 관리를 정말 잘해야 됩니다. 그리고 디지털 혁신의 미래 블루오션 기회를 잡을 수 있도록 계속 미래를 연구하고 탐색하는 그러한 능력을 키우고 모니터링을 해야 합니다.

세 번째, 정부는 이제 돈을 많이 써야 합니다. 실업급여도 줘야 하고, 재난 지원금도 줘야 하고, 경기 부양도 해야 하고, 또 디지털 뉴딜 정책도 펴야 하고, 많은 돈이 필요합니다. 그런데 기업이 가난해지고, 국민이 가난해지면 세금이 적게 걷히게 됩니다. 그러면 정부는 어떤 위험에 닥치겠습니까? 바로 재정 위기가 오고, 외환 보유고가 낮아지게 됩니다. 그래서 제2의 모라토리움(moratorium)이 올 수 있습니다.

만약 중국이 실제로 그런 위기에 빠지게 된다면, 주변 국가들에게 그것이 번질 수가 있습니다. 그래서 더 많은 실탄을 준비해야 합니다. 그러려면 어떻게 해야 되겠습니까? 지금 불필요한 프로젝트, 불필요한 예산, 긴급하지 않고 정말 중요하지 않은 예산들을 절감하고 모아 놓아야 합니다. 다시 말하면 국민과 기업을 지원해야 할 장기적인 실탄을 많이 가지고 있는 정부가 되어야 합니다.

동영상 강의
https://www.youtube.com/watch?v=MDwyuttSq-o&t=41s

제3강

위기돌파형 시나리오 경영이 부상한다

위기돌파형 시나리오

교훈 1

코로나로 배운 위기관리 방법: 3T

Test (상황인지)	광범위 검사	신속한 조사
Trace (모니터링)	정밀한 추적	투명한 공개
Treat (행동)	이해자 협력	상황적 전술

'코로나19' 이후의 미래 변화와 대응, 세 번째 시간입니다.

이번에는 '위기돌파형 시나리오 경영이 재부상된다'라는 주제로 살펴보도록 하겠습니다.

이번 주제의 교훈 첫 번째이죠. 이번에 '버터플라이 이펙트'(The Butterfly Effect)를 여러분과 나, 그리고 모든 지구인이 함께 겪었다는 사실입니다. 중국 우한에서 시작된 작은 움직임이 지금 전 세계를 뒤엎고, 그리고 우리 인류 모두는 고통과 또 새로운 경험들을 겪고 있습니다.

그런데 또 우리가 느낀 게 뭐죠? 미래를 먼저 경험했더니 기회가 왔다는 이야기입니다. 다시 말하면 우리나라는 사스, 메르스, 이런 것을 겪으면서 '코로나19' 바이러스에 대한 다양한 시나리오나 여러 제도를 갖고 있었기 때문에 슬기롭게 이것을 헤쳐 나갈 수 있었습니다. 그래서 '미래를 먼저 경험하면 효과가 있다'라는 사실을 우리가 얻어낼 수 있었습니다.

두 번째 교훈입니다. 우리나라의 '코로나19' 대처에 대해서 전 세계가 지금 경탄을 하고 있고, 배워야 할 모델 국가로 얘기를 하고 있습니다. 각종 칭찬이 이어지고 있습니다.

뭘 잘했을까요? 우리는 3T를 잘했습니다. 첫 번째 T는 테스트(test), 두 번째 T는 트레이스(trace), 그리고 세 번째는 트리트(treat)를 의미합니다. 그런데 우리가 행한 이 3T의 세부 내용을 살펴보면 더 배울 수 있는 교훈들이 있습니다.

첫 번째, 상황을 인지하는 테스트는 광범위하게 하고, 신속하게 해야 한다는 걸 배웠습니다.

두 번째, 모니터링은 어떻게 해야 하죠? 감염자 하나하나를 정밀 추적하고, 동선까지 추적하고 그것을 전 조직원에게, 전 참여자에게 투명하게 제시해야 한다는 원칙을 배울 수 있었습니다.

세 번째, 위험 대처 요령은 뭐죠? 행동에 있어서 다양한 이해관계자의 이해관계를 사전에 협의, 조정할 필요가 있었습니다. 순간순간 돌발

상황이 계속 대처하는 중에 나타납니다. 감염자가 넘친다든지, 이런 부분에 있어서 유연한 변화가 필요하다는 것을 배울 수 있었습니다.

돌발적 위험 대처의 '시나리오 전략'

돌발적 위기는 예측할 수 없다.
일어날 미래를 알 수 있다면 대응은 쉽다.
미래의 위험을 상상하고, 대응 방법을 미리 만든다.
미래 징후 데이터를 수집하고, 시나리오를 실행한다.

Scenario Plan은 예상치 못한 상황에 대비하는 탁월한 전략이다.
– 하버드 경영대학원

그러면 우리가 미래를 위해서 이러한 교훈을 어떻게 활용해야 할까요? 먼저 돌발적 위험 대처의 능력을 가져야 될 것입니다. 그런데 돌발적 위험, 미래를 미리 알 수 있다면 대응은 쉽다는 걸 알겠는데, 어떻게 돌발적 위험에 대처할 수 있을까요? 이것이 바로 시나리오 경영, 시나리오 전략이라고 지금 얘기를 하고 있습니다. 과거에서부터 있었지만, 이번 '코로나19' 위기 상황을 겪으면서 각 기업과 정부 조직들이 앞으로 이러한 시나리오 전략을 도입할 것으로 예견이 됩니다.

돌발적인 미래를 예측해서 행동을 정해 놓는 것은 기본적으로 일반적인 기업이나 정부에서 통상적인 전략을 수립하는 것과는 차원이 달라야 합니다. 그럼 어떻게 다른지 필자가 설명을 해드리도록 하겠습니다.

그럼 먼저, 일상적인 전략은 어떻게 수립할까요? 미래를 보면, 미래의 변화에서 오는 기회와 위협이 있습니다. 그러면 거기서 우리가 기회를 잡고 또 위협이 큰 경우에는 그것을 회피해야 되겠죠?

그다음에 또 하나는 내가 가지고 있는 장점과 단점이 있습니다. 이것을 결합해서 흔히 SWOT, 스와트라고 부르는데, 이 방법이 우리가 전략을 수립하는 일반적인 모형입니다.

그런데 이러한 일반적 경영전략을 수립하는 방법에 가장 기본이 되는 미래 예측에 문제가 있습니다. 우리는 미래를 완전히 예측할 수가 없습니다. 특히 이번 '코로나19'와 같이 돌발적으로 나타나는 위협에 대해서는 우리는 어떻게 대응해야 할까요? 미래의 전략을 수립할 때 가장 중요한 것은 미래를 정확하게 예측한다는 가정이 필수조건입니다. 그런데 문제는 돌발적인 상황은 우리의 예측과 다르게 나기때문에 큰 위기가 닥쳤을 때, 우왕좌왕하게 된다는 것입니다. 이번 코로나19에 대한 미국, 이탈리아, 프랑스 등 거의 모든 국가의 대처 모습에서 돌발상황에 대한 준비가 되어 있지 않을 때의 위험성을 우리는 직접 목격하였습니다. 이 문제를 해결해 주는 것이 바로 시나리오 경영이라고 볼 수가 있습니다.

시나리오 경영, 어디서 시작했을까요? 여러분 「셸」(Shell)이라는 석유회사 아시죠? 여기에 피에르 왁(Pierre Wack)이라는 프랑스인이 근무를 하고 있었습니다. 이 사람은 경영전략 회의에서 "우리가 기본적으로 경영전략은 석유가 풍부하고 싸다는 가정에서 짜고 있는데,

석유가 풍부하지 않거나 석유 가격이 비싸지는 상황에 대비하는 돌발 상황 전략도 하나 수립해야 되는 거 아닙니까?"라고 말했습니다. 관련된 회의에 있던 사람들이 모두 웃었습니다. '석유가 지금도 앞으로도 풍부하고 쌀 텐데 이 사람은 왜 이런 뚱딴지같은 얘기를 하는 걸까?'라는 생각 때문이었습니다. 하지만 석유가 풍부하지 않는 경우도 있지 않을까요?

여러분, 생각해 봅시다. 어떤 경우에 석유가 비싸질까요? 전쟁이 일어나거나, 아니면 대형 석유 공급 파이프라인이 파괴되거나, 여러 가지 위험이 있을 때일 겁니다. 그게 바로 돌발 상황이 아니겠습니까? 그래서 「셸」 회사는 피에르 왁의 의견을 받아들이기로 했습니다. 대형사고로 공급망이 붕괴돼서 고유가로 진입됐을 때 우리는 어떻게 행동할 것이냐, 하는 계획을 별도로 하나 더 짜 놓은 거죠. 그리고 석유보관창고를 크게 만들어 놓았습니다. 다른 석유회사들은 석유가 싸니까 언제든지 살 수 있으니까 석유보관창고가 필요없다고 생각했습니다. 그런데 결정적인 순간이 왔습니다. 이스라엘과 중동의 전쟁이 일어났고, 거기에서 중동에 있는 석유를 생산하는 국가들이 전후 복구비용을 마련하기 위해서 유가를 올려버린 겁니다.

그러니까 어떻게 되었겠습니까? 갑자기 전 세계에 유가 폭등 현상이 일어났습니다. 그래서 전 세계의 기업들이 이거 어떻게 해야 하나 하고 있을 때, 이미 「셸」은 짜놓은 플랜의 시나리오대로 준비해서 1973년에 유일하게 돈을 번 기업이 되었습니다. 세계 6위였던 회사가 이것이 끝나자마자 세계 2위 기업으로 올라갔습니다. 그래서 사람들이 느

껐습니다. 아, 아무도 예측하지 못한 위험에 미리 대비하고 준비한 자는 기회가 있구나 하는 걸 알게 된 것입니다. 이것이 전 세계 기업들이 돌발상황에 대비하는 시나리오 경영을 도입하게 하는 계기가 되었습니다.

이런 위기가 또 한 번 있었는데, 「셀」 회사는 이 방법을 한 번 더 이용하게 됩니다. '러시아가 붕괴되면 어떻게 해야 하나'라는 시나리오 경영전략을 수립하여 또 한번의 성공신화를 만들어 냅니다.

원래 천연가스는 러시아가 주도하고 있었습니다. 러시아는 그 당시에 소련연방이라는 거대한 공산주의국가였습니다. 때문에 천연가스 회사를 국가가 국영기업으로 운영하고 있었습니다. 그래서 천연가스는 매우 쌌습니다. 그런데 어떻게 됐죠? 1990년에 베를린 장벽이 무너져서 독일은 통일이 되었고 갑자기 공산주의가 붕괴되어버린 겁니다. 모든 기업들이 이 상황을 당황하면서 지켜보고 있을때, 「셀」은 이러한 상황을 미리 예측하고 경영전략을 수립해 놓았습니다. 천연가스는 러시아만 주도하는 것이 아니고 분산되어 있고, 인건비가 상승돼서 이윤을 추구하게 되면 천연가스는 비싸진다는 논리로 이미 시나리오 전략을 수립해 놓은 상태였습니다. 그래서 이 상황을 면밀히 모니터링하고 있다가 미리 정해 놓은 돌발상황에 대한 시나리오대로 발 빠르게 북해의 천연가스 플랫폼을 먼저 개발하여 엄청난 이익을 만들어 냈습니다. 이러한 돌발상황을 미리 예측하여 성공한다는 새로운 경영방법을 만들어 낸 것입니다.

시나리오 계획의 개발 프로세스

미래 2

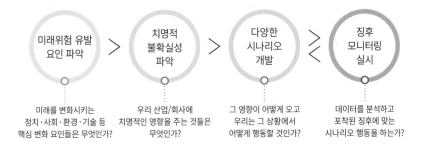

미래위험 유발 요인 파악	치명적 불확실성 파악	다양한 시나리오 개발	징후 모니터링 실시
미래를 변화시키는 정치·사회·환경·기술 등 핵심 변화 요인들은 무엇인가?	우리 산업/회사에 치명적인 영향을 주는 것들은 무엇인가?	그 영향이 어떻게 오고 우리는 그 상황에서 어떻게 행동할 것인가?	데이터를 분석하고 포착된 징후에 맞는 시나리오 행동을 하는가?

　그래서 하늘이 무너져도 솟아날 구멍이 있는 방식의 경영 전략이 바로 시나리오 경영입니다. 우리나라에는 이 시나리오 경영을 의무적으로 하는 기업이 있습니다. 그게 삼성전자입니다. 삼성그룹은 이건희 회장의 명령에 의해서 매년 초에 경영전략을 만든 다음에 끝자락에 사장단들은 별도로 시나리오 경영을 합니다. 무슨 얘기냐 하면, 지금 경영 전략은 그대로 하되, 만약에 가정이 무너진다면 어떻게 될 거냐, 어느 가정이 무너질 수 있느냐를 논의합니다. 그래서 이번 일본의 수출 규제 대응이 왔을 때 제일 먼저 충격 없이 삼성이 딛고 일어난 것도 이런 것이 사전에 훈련됐기 때문입니다.

　이러한 시나리오 경영방식은 정부에서도 아주 중요합니다. 왜냐하면 정부의 예산은 2년을 바탕으로 합니다. 지금 올해 3월에 정부 부처의 예산을 만들어서 국회에 올리면 국회에서 실행돼서 그 다음해에 우리가 사용할 수 있게 반영됩니다. 현재 사용하고 있는 예산은 거의 1년반 전에 미래예측을 기반으로 한 정책에 의해 집행되는 것입니다.

2년 후부터 향후 3년간 이렇게 세상은 변화되어 있을 것이라고 예상을 하고 예산을 만들어 집행하는 것입니다. 조그만 위험이 글로벌 위험으로 확대되는 국가 간 위험의 연결 현상에서 향후 돌발 위험에 대한 시나리오 경영의 도입은 기업뿐 아니라 정부도 서둘러야 합니다.

그러면 코로나19 이후 돌발 상황을 가정해서 시나리오 전략을 수립해야 하는 문제에는 무엇이 있을까요? 그것은 필자가 일관되게 말하고 있는 코로나2.0, 즉 중국 리스크에 대한 최악의 상황을 대비해야 하는 것이지요. 중국의 경제 위기 더 나아가 중국의 정권 붕괴 가능성을 상정해 놓고, 이에 대한 시나리오를 구상해야 한다는 것입니다.

중국이 무너진다는 건 굉장히 큰 사건입니다. "이런 것이 가능해?" 하면서 외면해서는 안됩니다. 이것이 오는가, 아닌가에 대한 분석과 논쟁보다 중요한 것은 그 상황이 주는 타격이 엄청나기 때문에, 그리고 중국 리스크의 조짐이 다각도로 진행되기 때문에 이에 대한 대응 시나리오를 기업과 정부는 만들어 놓아야 한다는 것입니다. 그래야 우리 대한민국이 또 하나의 코로나2.0의 돌발상황에서도 슬기롭고 과학적으로 딛고 우뚝 설 수 있습니다.

4차 산업혁명 시대에는 '5G와 AI'가 연동되어 모든 물체에 적용되면서 센서 기반 데이터를 취하게 됩니다. 촘촘하게 깔리게 되는 센서는 인간의 감각기관의 역할을 하게 되고, 5G는 인간의 중추신경계(30배 속도가 빠른)의 역할을 하며, 인공지능은 우리의 뇌의 역할을 하게 됩니다. 이렇게 되면 우리는 인간의 능력을 넘어서 미래 상황에 대한 예

Digital Twin은 인간 예지력을 확장한다!

미래 3

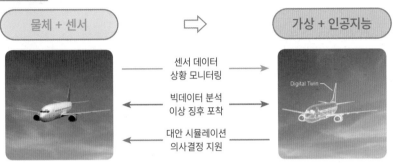

물체 + 센서 ⇨ 가상 + 인공지능

센서 데이터
상황 모니터링

빅데이터 분석
이상 징후 포착

대안 시뮬레이션
의사결정 지원

Digital Twin

<그림 출처: Mouser Solution>

지력과 판단력 그리고 실행력을 갖게 됩니다. 그래서 물체에 달린 센서들을 가상공간에서 인공지능이 모의실험(시뮬레이션)을 하여 미래에 발행할 상황을 미리 예측할 수 있습니다. 이는 돌발 상황을 미리 예측할 수 있는 선제적 관리를 가능하게 해줍니다. Digital Twin(디지털 쌍둥이)이라고 부르는 이러한 기술은 미래의 블루오션 산업입니다.

예를 들어서 이런 경우죠. 인공지능이, 남대문에 있는 인공지능이 하나 있다고 하겠습니다. 인공지능은 항상 보고 있는 거죠. CCTV와 온도 센서를 계속 24시간 보고 있다가 어떤 사람이 밤 8시 반에 석유통을 들고 들어오는 모습을 포착합니다. 그렇게 인공지능이 딱 발견하고 사이렌을 울려줬다면 우리 남대문은 지금 옛 모습 그대로 있었을 겁니다. 다른 경우에도 마찬가지입니다. 석굴암에 인공지능이 있다고 하겠습니다. 석굴암의 인공지능이 쭉 보고 있는데, 갑자기 지진이 일어납니다. 이때 동북쪽에서 시작된 지진이 계속 일어나고 있다면 석굴암의 동북 벽은 많이 충격을 받게 될 것입니다. 그러면 얼마쯤 있으면 파괴됩니까? 모르죠, 우리는 파괴돼 봐야 알죠. 계속 측정을 해줄 수도 없습니다. 만약 AI가 있다면 이런 것들을 계속 체크할 수 있다는 이야기입니다. 이러한 디지털 트윈 기술은 문화재뿐 아니라 자율자동차, IoT, 상점, 축산물, 인간 건강 등 다양한 곳에 적용되어 산업을 촉진하고 미래 위험을 최소화하는 역할을 수행하게 될 것입니다.

그래서 국가나 기업들이 앞으로 미래의 돌발적인 위험을 선제적으로 해결하기 위해서 '디지털 트윈'을 받아들일 것으로 예상됩니다. 그러면 미래를 위한 예측이 가능해집니다.

세 번째, 이런 돌발적 위험에 대비하는 데에는 중요한 방향이 있습니다. 그것이 바로 4차 산업혁명의 파괴적 산업 재편을 대비해야 한다는 것입니다. 자동차 산업은 엔진, 연비, 안전성 등 기계적 생산 능력이 경쟁력이 아니라 알고리즘, 데이터, 전기배터리 등의 새로운 경쟁우위 확보 전쟁으로 바뀐다는 것은 이미 이야기한 바 있습니다. 그러나 여기서 멈추는 것이 아닙니다. 택시기사, 렌터카, 주유소, 부품회사 들이 사라집니다. 그리고 새롭게 자동차 시트가 몸무게를 재고, 안전벨트가 심장을 체크하며, 자동차에서 말로 인공지능에게 지시를 해서 생활용품을 구매하는 새로운 플랫폼 생태계로 발전하게 되는 산업재편의 위험에 미리 대비해야 합니다.

이렇게 이런 4차 산업혁명으로 인해서 산업의 경쟁력, 그리고 기업의 운영 방법이 바뀌기 때문에 이런 위험에 대해서 기업이 노는 거기에 관련된 직원들이 능력을 맞춰서 새롭게 개편을 해야 합니다.

모든 산업들의 경쟁방식이 바뀌는 4차 산업혁명의 위협 속에서 기회를 잡아야 되는 기업들은 산업파괴의 돌발 상황에 미리미리 대처하는 통찰력을 확보해야 합니다. 코로나19와 4차 산업이 융합하여 변화되는 뉴노멀(New Normal)에 대비하는 미래 시나리오를 잘 설정하고 그 변화에 선도적으로 움직여야 미래 블루오션을 잡을 수 있습니다. "태풍의 길목에 서면, 돼지도 하늘을 날 수 있다."라는 중국의 속담이 있습니다. 그 기회를 잡으려면 태풍의 진로가 어디로 가는가에 대한 예지력과 대응 전략이 꼭 필요합니다.

경영의 미래 유레카

첫 번째입니다. 돌발적이고 치명적인 위험 속에서도 기회는 있다는 이야기입니다. 슬기롭게 딛고 일어난 우리나라에게 기회가 있습니다. 앞서 살펴본 「셀」이라는 회사도 그랬죠. 모두가 위험 속에서 우왕좌왕, 허둥지둥하고 있을 때 유일하게 미리 준비된 시나리오대로 할 수 있었습니다. 그래서 시나리오 경영은 돌발적 위험 속에서 기회를 찾을 수 있는 좋은 전략적 방법이 됩니다. 그 시나리오 경영은 어떻게 한다고 그랬죠? 미래 예측의 가정을 무너뜨려 봄으로써 미래의 위험에 시나리오를 미리 만들어 대비하는, 이런 경영이 앞으로 재부상될 것입니다.

두 번째는요, 이제 앞으로 4차 산업혁명이 진행되면서 사회 전반적으로 제품과 설비, 시설, 그리고 다양한 공간 등 모든 곳에 엄청난 센서가 부착되게 됩니다. 그러면 이 각종 센서에서 나오는 복잡한 데이터가 있습니다. 이 데이터를 가지고 우리가 예지력의 시간적 범위를 넓힐 수 있습니다. 그래서 찰나적 위험을 미리 알아낼 수가 있습니다. 위험을 해석할 수 있는 능력을 갖게 되는 거지요. 그래서 기업마다 이런 데이터 해석 능력이 시급히 필요할 것이라고 생각이 됩니다. 물론 정부도 반드시 필요한 부분입니다.

예를 들어서, 비행기는 여러 복합적인 요인으로 인해 돌발 상황에 추락할 수도 있습니다. 이걸 어떻게 막을 수 있을까요? 이를 막으려면 비행기마다 센서를 부착하는 거예요. 그러면 비행기마다 서로 다 능력이 다르다는 걸 알게 됩니다. 비행기는 착륙할 때 조종사의 능력, 노면의 상태, 기온, 이런 것에 따라 다 다른 상태를 갖게 되죠. 그 상황을 보고 이 비행기는 언제쯤 고장 날 것이라는 것을 찰나적으로 해석해낼 수 있다 그러면 비행기 추락 사고를 미리 막을 수 있을 것입니다. 이것을 우리가 '디지털 트윈'으로 예상해 볼 수 있습니다.

미래 유레카 세 번째입니다. 4차 산업혁명 시대에는 전 산업에 걸쳐서 디지털 전환이 됨으로 인해서 이제 산업과 산업의 융합, 더 나아가서는 제품과 제품의 융합, 이런 모든 것이 연결되는 새로운 세상으로 바뀌게 되고요, 거기에 따라서 산업의 파괴적인 변화의 새로운 위협도 오게 됩니다. 그래서 '코로나19' 바이러스와 같은 그런 질병의 대응뿐만이 아니고 4차 산업혁명이 가지고 오는 미래 파괴의 위협, 이것도 기업과 국가가 함께 준비해야 될 것입니다.

동영상 강의
https://www.youtube.com/watch?v=R5ukNc5QJZQ&t=4s

소득 저하 시대의 소비자 행동이 변화한다

'글·개·떠' 두 번째 유레카

교훈 1 코로나 이후, 경제는 나이키 심볼처럼 회복된다

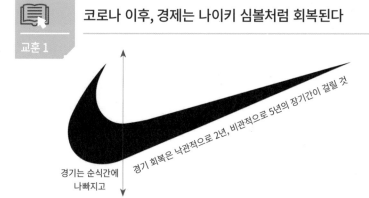

경기 회복은 낙관적으로 2년, 비관적으로 5년의 장기간이 걸릴 것

경기는 순식간에
나빠지고

우리는 앞의 1장에서 3장까지 '코로나19' 이후의 '글로벌 경영환경의 변화'에 대해 살펴보았습니다. 「글·개·떠」 이번엔 두 번째, 개인 삶과 행동의 변화에 대한 내용을 알아보겠습니다. 그중에서 먼저 '소득 저하 시대 소비자들의 행동 변화'에 어떻게 대응할 것인지에 대해서 통찰력 있게 살펴보도록 하겠습니다.

'코로나19'가 준 첫 번째 교훈입니다. 일자리 상실의 충격이 시작되

고 있습니다. CNN은 이제 실업자가 막 증가하면서 금융시장 붕괴뿐만 아니고, 직업시장의 일시적이 아닌 계속적인 붕괴가 일어날 가능성이 높아졌다고 말합니다.

미국 「연방준비은행」은 '코로나19' 사태로 실업률이 32%, 즉 대공황에 이르기까지 낮아질 수도 있다고 말합니다. 그래서 이런 실업부분이 미래에 큰 위협이 아닐 수 없습니다.

그런데 일자리 상실의 충격이 오게 되면 정부 입장과 민간기업의 입장이 충돌하게 되어 있습니다. 아무래도 이윤을 추구하는 민간기업은 노동자 해고를 통해서 기업생존을 꾀하려고 할 것입니다. 하지만 실업률을 지켜줘야 하는, 국민의 일자리를 만들어 줘야 하는 정부 입장에서는 대량 해고를 하지 못하게 함으로써, "정부 DNA와 기업 DNA가 충돌할 것이다"라는 「이코노믹스」 지의 지적이 있었습니다.

얼마 전에 '세계경제포럼'이 영상으로 열렸습니다. 이 '세계경제포럼'에서 이렇게 얘기했습니다. "지금 전 세계에 정규직과 비정규직의 이중구조의 노동시장이 있는데, 이 중 비정규직에게 엄청난 희생이 앞으로 올 것이다."

지금 미국의 '코로나19' 실직률을 보더라도 점점 심해져서 이것이 혹시 대공황에 있었던 실업률 25%까지 가지 않을까 비관적인 예견까지 있습니다. 만약 이 예견이 맞게 된다면 엄청난 혼란이 우리 지구상에 가중될 것입니다.

교훈 두 번째입니다. 우리가 그동안 대충 보아 왔던 것이 있는데 우

누구나 비자발적 백수가 될 수 있다!

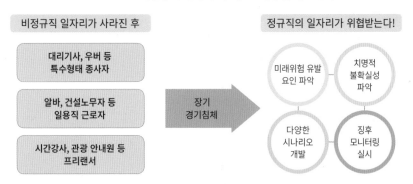

세계경제포럼, 2020.3
"정규직과 비정규직의 이중구조 노동시장은 위기가 닥칠 때,
비정규직에게 먼저 더 큰 희생을 강요한다"

비정규직 일자리가 사라진 후

대리기사, 우버 등
특수형태 종사자

알바, 건설노무자 등
일용직 근로자

시간강사, 관광 안내원 등
프리랜서

장기
경기침체

정규직의 일자리가 위협받는다!

미래위험 유발
요인 파악

치명적
불확실성
파악

다양한
시나리오
개발

징후
모니터링
실시

리나라에서도 누구나 비자발적 백수가 될 수 있다는 이야기입니다. 예를 들어 대리기사나 우버 운전자와 같이 특수 형태의 종사자가 이런 경우에 해당합니다. 이러한 것을 일반적으로 '긱 이코노미 플랫폼'(gig economy platform)이라고 합니다. 이런 분들뿐만 아니고 아르바이트를 비롯하여 일용직 노동자들도 지금 일자리를 잃어버리고 있습니다. 또 관광안내원, 시간강사 등 프리랜서도 마찬가지죠. 이런 비정규직들이 1차적으로 엄청난 고통을 받고 있습니다. 거의 90% 이상 수입이 줄고 있습니다.

그런데 이런 문제는 이제 비정규직뿐만이 아닙니다. 정규직에도 오고 있습니다. 요즘 우리나라뿐만이 아니고 전 세계의 항공사들을 보면 이를 알 수 있습니다. 희망 퇴직을 권고하고, 모자라면 아예 정리해고를 하고 있습니다. 또는 노조와 서로 협약을 맺어서 임금을 삭감한다든지, 순번제로 돌아가면서 휴직을 하고 있다는 뉴스들도 많이 볼 수 있습니다. 이러한 일자리 상실 현상들은 앞으로 지속적으로 다양한 산업군들에서 계속 일어나게 될 것입니다. 그리고 이것도 못 견디면 휴업을 하거나 폐업을 하거나 하는 현상들이 일어나면서 누구나 내가 원하지 않는데 비자발적 백수가 될 수 있는 것입니다.

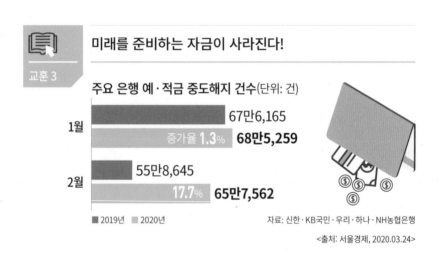

미래를 준비하는 자금이 사라진다!

교훈 3

주요 은행 예·적금 중도해지 건수(단위: 건)

1월		67만6,165
	증가율 **1.3**%	**68만5,259**
2월	55만8,645	
	17.7%	**65만7,562**

■ 2019년 ■ 2020년

자료: 신한·KB국민·우리·하나·NH농협은행

<출처: 서울경제, 2020.03.24>

교훈 세 번째입니다. 미래를 준비하는 자금이 사라지고 있습니다. 혹시 여러분 요즘 은행에 가보셨나요? 저는 우연한 기회에 은행에 한 번 갔더니 굉장히 많은 사람들이 몰려 있는 걸 볼 수 있었습니다. 그래서 제가 은행원한테 물어봤습니다. "뭐 하시는 분들이 이렇게 많습니까?" 물었더니, "적금을 해약하기 위해서 온 고객들"이라고 대답하였습니다. 다시 말하면 소상공인과 비자발적 백수가 된 분들이 생활자금이 없기 때문에 자기가 예전에 들이 놓았던 적금을 깨고, 보험을 해약하는 이런 사태들이 일어나고 있는 상황이었습니다. 실질적으로 우

리나라 은행의 예·적금 중도해지 건수가 5월 현재 작년보다 33% 급증했다는 기사들이 나오는 것을 볼 수 있습니다.

미래 1

새로운 소비자 욕구와 행동이 나타난다!

소득 저하 예적금/노후자금 고갈 중소득층 구매력 위축 개인 재무건강 서비스활성화

가치 선호 나만을 위한 제품/서비스 욕구 증폭 기술기반 금융서비스

이러한 교훈 속에서 미래에 일어날 변화 첫 번째입니다. 새로운 소비자 욕구와 행동이 나타난다는 거죠. 소득이 저하되면 바로 예·적금과 노후자금을 미리 쓰게 됩니다. 우리가 미리 써버리면 자금이 고갈됩니다. 그렇게 되면 소비의 양극화가 나타나기 시작합니다. 중가 제품을 구매하려는 고객층이 사라지고 아예 고가를 소비하는 측과 저가 제품을 선호하는 측만 남게 됩니다. 다시 말하면 중소득층의 구매력이 위축되어 버립니다. 여기에 따라서 기업도 행동방식이 달라져야겠고, 정부도 대국민 서비스의 내용과 질이 달라져야 합니다.

그럼 앞으로 어떤 것들이 또 나타날까요? 개인 재무 건강을 한 사람 한 사람 맞춰 주는 이러한 서비스가 활성화될 것입니다. 두 번째는 기술 기반 금융서비스들, 우리가 흔히 얘기하는 '핀테크'(fintech)가 상당히 많은 투자라든지 예·적금, 또는 대출에 대해서 기여를 하는 마이크로 대출, 마이크로 투자에 선동적인 역할을 해줄 수 있을 것으로 보입니다.

그리고 이제 소비의 양극화에 의해서 앞으로 모든 산업은 "Just for me. 나만을 맞춰줘, 나를 위해서 활동해줘"라는 욕구를 충족시켜 주는 서비스를 더 원하게 되는 가치의 변화가 있을 것입니다. 즉 소비 형태가 새롭게 일어나게 될 것으로 판단됩니다.

개인 재무관리 서비스의 경우를 자세히 들여다보면 소비 지출을 최적화하고 싶어 합니다. 그다음에 단기 긴급 마이크로 대출을 원합니다. 또한 노후 자금을 재설계해야 됩니다. 이런 여러 가지와 관련된 디지털 서비스들이 앞으로 많이 활용될 것으로 보입니다.

또 인공지능은 투자 '로보 어드바이저(robo advisor)'가 많이 이용될 것으로 보입니다. '로보 어드바이저'라는 건 투자를 지원해 주는 인공지능을 총칭하는 말입니다. 예를 들면 우리가 100만 원을 들고는 투자회사의 정말 수준 높은 애널리스트(analyst)를 만날 수가 없습니다. 그런데 투자 전문 인공지능을 쓰게 되면 이런 수준 높은 서비스를 다양한 사람들이 이용할 수 있게 됩니다. 그래서 우리가 수수료를 10분의 1, 또는 20분의 1, 다시 말하면 똑같은 돈을 가지고 열 번 내지, 스무 번 정도 투자를 더 해 볼 수 있는, 이러한 서비스들이 더욱 활성화될 것으로 판단됩니다.

4차 산업혁명으로 사라지는 일자리들

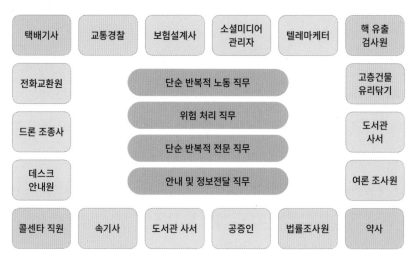

택배기사	교통경찰	보험설계사	소셜미디어 관리자	텔레마케터	핵 유출 검사원
전화교환원		단순 반복적 노동 직무			고층건물 유리닦기
드론 조종사		위험 처리 직무			도서관 사서
		단순 반복적 전문 직무			
데스크 안내원		안내 및 정보전달 직무			여론 조사원
콜센타 직원	속기사	도서관 사서	공증인	법률조사원	약사

개인 소득 저하와 일자리 상실로 인한 미래 변화가 또 있습니다. 무엇일까요? 4차 산업혁명이 겹쳐서 함께 온다는 이야기입니다. 4차 산업혁명이 오면 개인의 일자리가 또 소멸되는 것을 잘 살펴야 합니다. 거기에 따라서 내 역량과 내 사업과 가는 방법을 미리 지금부터 판단하고 모니터링해서 결정을 해놓아야 합니다.

앞으로 사라지는 직무의 대표적인 게 뭘까요?

우리가 눈여겨보아야 할 부분은 '코로나19'로 인해서 사라질 일자리뿐만이 아닙니다. 4차 산업혁명으로 인해서 사라지는 일자리들도 있습니다. 그래서 복합적으로 오는 일자리 붕괴를 잘 봐야 하고, 역량 이동을 해야 합니다.

먼저 사라질 직무는 단순 반복적인 노동 직무입니다. 여러 가지 사회 문제가 있지만 우선 택시기사가 사라질 직업입니다. 과거에 마차의 마부가 사라졌듯이 말입니다. 또 위험을 처리하는 업무들은 인공지능이 대체해 주게 됩니다. 후쿠시마 원전의 핵 유출 검사원은 누가 돼야 하겠습니까? 바로 이제 로봇들이 들어가게 됩니다. 고층 건물 작업도 위험한 직군입니다. 그런 고층 건물의 유리창은 이제 로봇으로 닦게 될 겁니다. 최근에 미국 기업들 중에 비정규직을 많이 썼던 기업들, 그중에서 예를 들어 「테슬라」 같은 경우는 비정규직을 향후에 인공지능과 로봇으로 대체할 계획이라고 발표했습니다. 그러니까 4차 산업혁명은 올 수밖에 없습니다. 세 번째 없어지는 직무는 단순 반복적인 전문 직무에 해당합니다. 약사라든지 법률을 조사해 주는 사람들과 같이 전문적인 지식만 가지고 사업을 하는 사람들의 일자리도 역시 사라집니다. 네 번째로 사라지는 일자리는 뭘까요? 이번처럼 큰 위기를 당한 콜센터도 사라지게 됩니다. 인공지능이 대체하게 되겠죠. 데스크 안내원, 속기사, 이렇듯이 인공지능이 대체 가능한 전달 직무들은 '코로나19' 위기를 맞아서 더 빠르게 사라질 위험에 처해 있습니다. 생각 이외로 4차 산업혁명의 일자리 충격이 엄청나게 빨리 다가올 것으로 예상됩니다. 그래서 이런 직군들에 대해서는 우리가 더욱 빠르게 자기의 역량 변화, 그리고 미래 자기 직업의 발전, 이런 것들을 모색해야 한다고 생각합니다.

한국판 디지털 뉴딜 추진: DNA-US

미래 3

D **데이터(Data):** 인공지능과 로봇이 활용할 수 있는 데이터 구축

N **네트워크(Network):** 5G 망 구축 및 관련 기술과 응용 분야 확대

A **인공지능(AI):** AI 중심국가 추진을 통한 4차 산업혁명의 강국 추진

U **언택트(Untact):** 원격진단, 쌍방향 소통 등 비대면 일자리 활성화

S **사회간접자본(SOC):** 스마트시티, 자율 사물 등 디지털 산업 지원

반면에 정부는 무엇을 해야 합니까. 이번에 대통령이 '디지털 뉴딜 정책'을 얘기하고 있지만, 이는 필자가 사실 2년~3년 전부터 계속 주장해 왔던 이야기입니다. 필자가 국가 「행정자치부」의 '국민서비스분과' 위원장이기도 하기 때문입니다. 그래서 이를 계속 강조했던 건데, 이제야말로 맞물려서 해야 되는 상황이 되었습니다.

이러한 것을 우리가 앞으로 다루는 데 있어서, 물론 국가가 여러가지 대응 정책을 잘 다루겠지만, 제가 이 부분에 대해서 다른 관점에서 또한 이런 정책을 독자들이 잘 이해할 수 있도록 부차적 설명을 하겠습니다. 우리는 IMF로부터 배운 게 많습니다. 우리가 메르스로부터 배워서 이번 '코로나19'를 잘 넘겼듯이, IMF라는 특수한 상황에서 우리나라만 겪은 것들이 있었습니다. 그 시절 우리나라는 일자리가 없어

졌고 기업들이 도산했고 외환 보유고가 바닥났습니다. 우리는 이를 경험한 나라입니다. 중진국 이상에서 이를 경험한 나라는 거의 없습니다. 우리나라는 이걸 슬기롭게 대처해서 이겨냈습니다.

그럼 그때 우리가 한 게 뭡니까? 여러 가지 정책 중에 정말 잘한 게 있습니다. 앞에서도 언급한 바처럼, 우리나라 정부는 미래에 다가올 인터넷 시대를 위해서 육체노동자들을 위해서 초고속 통신망을 깔았습니다. 또한 정부의 모든 문서를 공공 공익사업을 통해서 전자 문서로 변환하는 데이터 입력 사업을 대대적으로 창출하였습니다. 그것을 통해 국민들의 일자리를 만들어 주었고 데이터를, 특히 정부 데이터를 전부 문서화시켰습니다. 그 이후 IMF를 극복하고 나서 우리나라가 어느덧 세계 최고 수준의 디지털 강국이 되어 있었습니다. 그 기반은 뭡니까? 초고속 통신망과 전자문서 데이터입니다. 그래서 지금 우리가 여러 가지를 편리하게 잘하고 있지 않습니까. 이번에도 우리가 그 효과를 보고 있습니다. 대표적인 게 온라인 개학입니다. 전 세계 어느 나라도 흉내 낼 수 없는 온라인 수업이었습니다. 이때 초고속 통신망을 촘촘히 깔지 않았다면, 온라인 개학은 할 수 없었을 것입니다. 일반 인터넷망을 가지고는 온라인 강의를 할 수가 없습니다. 모바일 통신망으로는 온라인 강의를 할 수 없고, 집집마다 초고속 통신망에 연결된 PC를 보유하고 있지 못했다면 어린아이들의 온라인 강의는 불가능했을 것입니다. 코로나19 이후, 한국과 일본 양국은 온라인 수업과 재택근무를 실시하였습니다. 그러나 그 수준과 실행력에는 엄청난 차이가 있었습니다. 한국의 온라인 개학은 지금 여러분처럼 강사가, 선생님이 교탁에 있고, 즉 교실에 있고, 학생이 집에서 수업을 받는 형식이었습니다. 일본은 선생님이 집에 있고 학생이 학교에서 수업을 받았습니다. 이게 한국과 일본의 차이입니다. 왜 그럴까요? 일본에는 초고속 통신망이 없기 때문입니다. 일본은 우리와 다르게 모바일 중심 사회입니다. 그래서 스마트폰으로 교육을 받을 수밖에 없기 때문에 무늬만 온라인으로 둔갑한 보여주기용, 과시용에 불과한, 온라인 수업이라고 하기 민망한 수준의 민낯을 보이고 있는 것입니다.

또한 일본이 왜 재택근무가 불가능할까요? 아베 총리가 재택근무를 하라고 해도 안 되는 이유가 여러 가지가 있지만, 그중의 하나가 일본은 우리나라처럼 집집마다 PC를 갖고 있는 것이 아니기 때문입니다. 아예 없는 집들도 무척 많습니다. 일본은 지진과 섬들의 연결로 초고속 통신망의 설치 비용이 매우 많이 듭니다. 그래서 일본은 모바일 중심 정책을 펼칠 수밖에 없었습니다. 그러니 PC가 없는 집이 많아 재택근무가 거의 불가능했던 것입니다. 중국도 마찬가지입니다. 초고속 통신망은 국토가 넓어서 깔 수가 없었습니다. 그래서 중국은 모바일 왕국이 될 수밖에 없는 것입니다. 그런데 우리는 초고속 통신망도 있고, 4G도 있고, 5G도 있는 세계 유일한 국가가 된 것입니다. 즉, 우리가 IMF 당시 매우 잘했던 겁니다. 이는 우리가 지금도 '코로나19' 국난을 넘는 데 굉장히 큰 도움이 되고 있습니다.

그러면 2020년에 닥친 이 '코로나19' 상황에서 우리는 또 뭘 해야 할까요? 국민들에게 일자리를 만들어주어야 합니다. 지금 우리나라가 뭘 해야 하냐면, 5G와 센서를 깔아야 합니다. 왜냐하면 이게 미래의 산업이기 때문입니다. 그다음에 AI와 로봇의 데이터가 서로 다릅니다. 인간의 데이터와 로봇의 데이터가 서로 다르다는 이야기입니다. 예를 들어서, 지하공간에서는 GPS가 안 되는데 지하공간에 로봇이 다니려면 지하공간의 데이터 측정이 가능해야 합니다. 즉 위치 데이터가 만들어져야 합니다. 이런 것들을 지금부터 하기 시작하면 미래의 큰 자산이 될 수 있습니다.

그래서 이런 새로운 통신망과 새로운 데이터를 우리나라가 먼저 깔아야 됩니다. 이러면 우리가 지금 뒤처진 4차 산업혁명의 경쟁력을 만회할 수 있는 그런 찬스가 될 수 있습니다. 때문에 우리가 이런 일자리를 미래지향적으로 생각해야 된다는 것입니다.

외국인 노동자 100만 시대의 문제 해결

미래 4

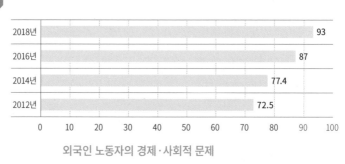

외국인 노동자의 경제·사회적 문제

| 일본에 비해 인당 2배가 많고 매년 5만 명 이상 증가 | 월 200만 원 이상이 67%, 수입의 24% 본국 송금 | 건강보험 자격 획득하고 지병 치료 후 먹튀 | 내국인의 역차별로 외국인 일자리의 토착화 | 외국인 거주지의 사건·사고로 사회적 불안감 고조 |

그다음에 또 하나의 문제를 더 말씀드리겠습니다. 일자리의 문제인

데요. 우리가 거의 20조를 들여서 일자리를 30만 개를 만든다, 이런 거 많이 해왔던 일입니다. 하지만 일자리가 잘 늘어나지 않습니다. 왜 늘어나지 않을까요? 이유는 외국인 근로자가 우리나라에 너무 많기 때문입니다. 현재 우리나라의 외국인 근로자는 100만 명이 넘었습니다. 불법체류 외국인 근로자까지 합한다면 아마도 120만 명은 된다고 합니다. 일본의 경우 외국인 근로자가 107만 명입니다. 우리나라보다 일본이 두 배의 인구가 많은데 말입니다. 그러니까 결국 1인당 우리가 두 배의 외국인 노동자가 많은 셈이 됩니다.

우리는 그동안 'Dirty, Difficult, Dangerous' 소위 국민들이 외면 하는 3D 일자리를 외국인 노동력에 의해 해결해 왔습니다. 환경개선을 통한 양질의 일자리를 만드는 것보다는 손쉬운 노동력 대체로 해결한 것입니다. 그런데 문제는 너무 많은 외국인 노동자가 우리나라에 있다는 사실입니다. 독자 여러분도 생활 속에서 이것을 모두 느끼고 있을 것입니다. 그런데 이제는 외국인들의 인건비가 싸지 않다는 겁니다. 1달 200만 원 이상 받는 외국인 노동자가 67%입니다. 외국인 노동자들이 매년 5만 명 정도 늘면서 우리나라 국민들의 일자리가 상대적으로 상실되고 있습니다. 그러니까 우리가 일자리를 5천 개 만들었다는 거는 실질적으로 약 5만 5천 개 만들었다는 계산이 나옵니다. 그럼 이 외국인 노동자들이 국가 소비경제에 도움이 되느냐, 그것도 아닙니다. 쓰는 것을 아끼고 모아서 본국으로 해외 송금을 합니다. 이웃나라 일본과 비교해 볼까요? 앞서도 얘기했듯이, 일본의 외국인 노동자는 107만 정도입니다. 우리나라보다 인구가 2배인 일본과 비교하는 약간의 틀린 산수를 해 봐도, 우리나라의 외국인 노동자 비율이 1인당 2배가 많습니다. 이것만 봐도 이 문제가 심각하다는 것을 알 수 있습니다. 또한 일본의 외국인 노동자의 70% 이상이 자격증이 있는 노동자인데, 우리는 육체노동자가 대부분입니다. 또한, 외국인 노동자가 주로 있는 일자리에 내국인이 들어가면 역차별을 당하고 이른바 왕따를 당하는 경우도 있다고 미디어에서 전하고 있습니다. 그래서 점점 더 외국인이 많이 필요해지는 악순환이 일어나고 있습니다.

그리고 외국인 노동자들이 보통 3개월 체류라고 되어 있지만, 요즘엔 바뀌어서 6개월 이상 체류하면 의료보험까지 됩니다. 이건 그야말로 외국인 노동자들에겐 엄청 좋은 혜택인 것입니다. 또한 중국 사람들이 한국에 기업을 만들어서 브로커 역할을 합니다. 그래서 건강이 안 좋은 많은 중국 사람들이 한국에 들어옵니다. 6개월만 브로커 회사에서 일하면 한 달에 1만 원을 내도 몇 억씩 들어가는 병을 고쳐 갑니다. 왜냐면 우리나라 건강보험이 굉장히 좋기 때문입니다. 그래서 이런 부분의 문제를 우리가 일거에 해결해 내야 합니다. 코로나19의 일자리 상실 시대를 맞아 사회적 공감대를 통해 이를 해결해 낼 수 있고, 또 해결해야만 하는 과제라고 판단됩니다. 이번 '코로나19'를 통해서 이런 일자리들을 국민에게 돌려줘야 한다고 주장합니다. 그러면 돌릴 수 있느냐, 돌릴 수 있습니다.

독일을 보고 배워야 합니다. 독일은 1990년에 통일이 되었습니다. 통일이 되면 경제가 위축되는데 그것을 이른바 '통일 비용'이라고 합니다. 양쪽의 경제 격차가 있기 때문에 이 격차 해소에 들어가는 경제적 부담을 빠르게 회복해야 됩니다. 가장 빠른 해결책은 동독의 노동자들에게 서독의 기업들이 일자리를 주는 것이었습니다. 그러나 3D 업종은 외국인 노동자들이 차지하고 있었기 때문에, 기업가들은 원가 부담이 되는 동독의 젊은이들에게 일자리를 줄 수가 없었습니다. 경제 논리가 민족 논리보다 앞서는 게 자본주의이기 때문입니다. 그러니까 노조가 나서기 시작했습니다. 즉, 노조가 파업을 일으켰는데, 이 파업 내용이 굉장히 센세이션했습니다. 그게 바로 외국인 노동자들의 대우를 독일 노동자와 완전히 동일하게 해달라는 것이었습니다. 이는 인건비가 상승하기 때문에 기업이 절대로 받아들일 수 없는 문제였습니다. 그런데 노동조합 전체로, 건설 노조로부터 시작해서 전국 노조로 번지기 시작했습니다. 거기다 정치인들이 나서서 입법을 하니 기업체들이 할 수 없이 이 주장을 받아들였습니다. 그렇게 새로 생긴 일자리를 누가 가져갔을까요? 바로 구 동독의 젊은 사람과 노인들이 가져갔습니다. 기업체에서는 동일 임금이면 자기나라 사람을 채용하는 게 더 이익이기 때문입니다. 이렇게 해서 독일의 외국인 노동자 문제가 해결되는 아주 커다란 일이 있었습니다.

필자는 이번 '코로나19' 사태가 우리나라의 고질적인 문제를 해결할 수 있는 엄청난 기회라고 생각합니다. 그런데 외국인들이 주로 근무하던 자리에서 내국인들이 일한다는 것은 쉬운 문제가 아닙니다. 왜냐하면 그 일자리들은 3D 즉, 위험하고, 더럽고, 어렵기 때문입니다. 그래서 이런 일자리에 4차 산업혁명 기술들을 사용해야 합니다. 그리하여 우리나라 사람들이 일할 수 있는 구조로 바꿔주면 자연히 외국인 노동자 비율이 줄어들게 될 것입니다.

그럼 우리가 과연 그런 걸 할 수 있느냐, 할 수 있습니다. 사례가 있습니다. 과거의 야쿠르트 아줌마를 보십시오. 리어카를 이렇게 끌고 다녔기에 힘들었고 더러웠습니다. 아줌마들이 화장도 못 했습니다. 일이 힘들어 땀이 나기 때문입니다. 그런데 요즘 길거리의 야쿠르트 아주머니들의 일하는 방식은 어떻게 바뀌었나요? 이 일자리가 아주 편리한 좋은 일자리로 바뀌었습니다. 힘들고 어렵고 더러운 일자리에서 깨끗하고 쾌적하고 쉬운 일자리로 바뀐 겁니다. 전동카로 운전하며 다니고 왼쪽엔 온장고, 오른쪽엔 냉장고, 카드 결제기까지 갖고 다니면서 편하게 고객이 있는 곳으로 이동하면서 판매를 할 수 있는 일자리로 바뀌었습니다. 아주 첨단화된 일자리로 바뀐 것입니다.

독일 우체국의 우편 배달 지원 PostBot

미래 4

[4륜, 1.50 미터 높이의 이동 로봇은
1.5미터 뒤에서 우편배달부를 뒤따라가고,
150 킬로그램의 우편물을 운반]

또 사례가 있습니다. 독일의 우체부입니다. 우체부는 전 세계적으로

힘든 일이기 때문에 여자나 노인은 하기 힘든 직업입니다. 그런데 우체국 차가 지역에 내려주면 사진에서 보이는 것처럼 이동 로봇이 여자 우체부의 1.5미터 뒤를 따라다닙니다. 150kg 정도의 무거운 짐을 적재할 수 있는 이 이동로봇을 이용하여 힘들고 어려운 일을 여성이나 노인들도 쉽고 편하게 수행할 수 있습니다.

이렇게 일자리를 우리도 바꿀 수 있습니다. 그럴 수 있는 IT 능력 그리고 사물 제작 능력도 충분하게 갖고 있습니다. 이것이 우리 사회가 안고 있는 외국인 노동자의 문제를 일거에 해결하면서 일자리 충격, 일자리 문제를 해결해 내는 또 하나의 매력적인 방법입니다. 이처럼 더럽고 힘들고 어려운 일자리를 첨단기술과 창의력을 가진 스타트업들을 활용하여 우리 국민에게 되돌려 주는 디지털 뉴딜 정책을 펼치면, 우리 국민들의 소득도 높아지고 이러한 도구를 개발한 스타트업들이 세계로 이 제품을 판매할 수도 있습니다. 이런 디지털 뉴딜 정책을 이번 기회에 펼쳐야 우리가 부강한 1등 국가가 될 수 있습니다. 그리고 여러 가지 방법을 후속으로 개획하고 개발해야만 앞으로 닥쳐올 경제위기를 슬기롭게 극복할 수 있다고 필자는 믿습니다. 이러한 인프라를 갖고 있는 것도 어떻게 보면 우리나라의 행운이라고도 볼 수가 있습니다. 좋은 쪽으로 보면 말입니다.

'소득 저하시대와 소비자행동의 변화'로 보는 미래 유레카

세 가지 살펴보도록 하겠습니다.

첫째는 뭘까요? 일자리 상실로 인해서 소득이 어쩔 수 없이 저하됩니다. 그리고 누구나 비자발적 백수가 언제든지 될 수 있습니다. 그렇기 때문에 기본적으로 소비자들의 지갑이 비게 됩니다. 그것뿐만이 아니고 소비자들의 미래 자금도 없어지게 됩니다.

그렇게 되면 소비자 행동들은 어떻게 바뀔까요? 이런 바뀌는 모습들을 잘 모니터링하고 이에 대한 대비와 새로운 서비스의 개발, 새로운 제품의 제시, 또 정부 입장에서는 새로운 정책의 제시, 이런 것들이 필요할 것으로 판단됩니다.

두 번째로, 소득 저하 시대, 일자리 상실 시대에는 소비자 행동에 변화가 일어나게 됩니다. 그렇다면 어떤 서비스들을 고객이 원하게 될까요? 첫째는 개인들의 재무 관리를 해주는 서비스, 즉 돈을 아껴주는 이러한 서비스들이 굉장히 큰 효과를 볼 수 있습니다. 바로 고객들이 원하는 서비스가 될 것입니다. 둘째는 '로보 어드바이저'처럼 AI들이 재테크를 도와주게 됩니다. AI들이 재테크를 도와주게 되면 투자금액도 10분의 1로 줄어듭니다. 이처럼 우리가 다양한 투자를 할 수 있는, 이러한 서비스들이 앞으로 등장하게 될 것입니다. '핀테크'에 의한 마이크로 대출, 마이크로 적금, 이런 것들도 앞으로 많이 활성화될 것으로 보입니다. 우리 젊은이들이 '핀테크' 산업의 세계화를 통해 더욱 많은 일자리를 창출할 수 있는 계기가 될 것으로 보입니다.

또 모든 기업들의 마케팅은 이제 나만을 위한 서비스, 한 사람, 한 사람을 인지하는 그러한 서비스를 하는 시대가 됩니다. 이런 서비스에 대한 소비자 요구 또한 증대될 것입니다.

세 번째입니다. 4차 산업혁명들의 기술들은 코로나19 이후의 문제를 해결하기 위한 좋은 도구로 작동될 것입니다. 즉 코로나19는 4차 산업혁명의 촉발제로서 작용하게 됩니다. 그렇게 되면 4차 산업혁명에서 오는 산업의 변화, 거기에 수반되는 일자리의 변화가 필연적으로 따라올 수밖에 없습니다. 이에 따라 소멸되는 일자리도 굉장히 빠르게 나타납니다. 그래서 개인들은 이러한 미래 일자리의 변화에 자기의 역량을 어떻게 변화시켜야 할 것이냐, 내가 지금 가지고 있는 역량이 새롭게 변화되는 일자리에 맞는가, 또 어떻게 내 역량을 새롭게 갖춰야 하는가, 하는 문제들에 숙고가 필요하고 거기에 따른 변화가 필요한 시기입니다.

네 번째는, 세계 각국의 정부는 사라지는 일자리 문제를 해결하기 위해 앞다투어 디지털 뉴딜 정책을 펼치게 될 것입니다. 이것은 IT 강국인 대한민국에게 큰 기회가 될 것입니다. 우리 정부가 추진하고 있는 DNA-US 정책이 보다 거시적이고 더 많은 젊은 스타트업에 기회로 작용하여, 성공신화를 만들고 미래 일자리가 넘쳐나는 대한민국이 되기를 기대해 봅니다.

동영상 강의
https://www.youtube.com/watch?v=pm8XFLFKoec&t=4s

제5강

근무방식이 재택, 원격, 지능화 된다

근무방식의 재택, 원격, 지능화의 유레카

교훈 1

고밀도 집적형 작업터는 한 번에 위험을 가져온다!

콜센터

코워킹
센터

유사한 질병의
반복적
발생 가능성이
상존한다.

화이트칼라
오피스

정부
종합청사

　이번 강의는 '코로나19 이후의 미래' 다섯 번째입니다. 본 강의는 '앞으로 미래 근무방식은 재택, 원격, 지능화된다'라는 내용으로 살펴보도록 하겠습니다.

'코로나19'가 미래 근무환경에 준 교훈 첫 번째가 있습니다. 그건 뭘까요? 고밀도 집적형의 작업터는 한 번에 엄청난 위험을 우리에게 가져다준다는 걸 깨닫게 해 준 것입니다. 그런데 앞으로 유사한 질병이 반복적으로 발생할 가능성이 굉장히 높기 때문에 이런 고밀도 집적형 작업터, 즉 '콜센터'라든지, 또는 '워킹센터'라든지, 또는 화이트칼라들이 일하는 사무실, 그리고 정부종합청사와 같이 한 곳에 모두 모여 있는 이러한 현상들이 만약에 붕괴가 되면 엄청난 위험성을 준다는 교훈을 우리에게 준 것입니다.

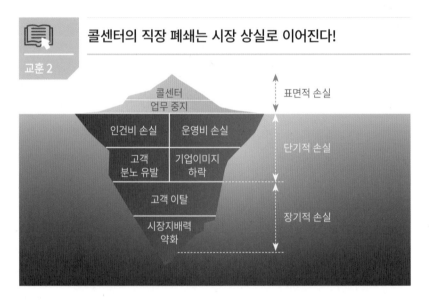

콜센터의 직장 폐쇄는 시장 상실로 이어진다!

교훈 2

'코로나19'가 준 두 번째 교훈은 무엇입니까? '콜센터'가 엄청나게 문제가 있을 수 있다는 것을 볼 수 있었습니다. 열악한 환경의 '콜센터'가 폐쇄되는 경우에 시장 상실까지 이어질 수 있습니다. 단순하게 '콜센터'가 업무를 '중지당한다' 하는 표면적인 손실이 문제가 아니고, 인건비와 운영비의 손실은 물론이고요, 고객이 분노하고 기업 이미지가 아무래도 추락할 수밖에 없지 않습니까, 뭘 요청해도 '콜센터'가 받아 주지 않으니까요. 그러면 어떻게 되겠습니까? 고객이 이탈하고 결국 그 기업은 시장 지배력이 약화될 것입니다. 이러한 집적형 인간 중심의 '콜센터'의 위험성을 이번에 모두 절감하게 되었습니다. 이번 코로나19 상황에서는 모든 기업들의 '콜센터'가 동시에 위기를 겪어서, 고객은 불만이 있어도 참아 주었습니다. 그러나 다시 이런 위기가 반복되면 고객은 준비되지 않은 기업을 떠나서 다른 기업으로 이동하게 될 것입니다. 적극적인 변화가 필요하겠지요. 고객은 연어가 아닙니다. 한번 떠난 고객은 다시 돌아오지 않는 것입니다.

교훈 3

텔레워크를 주기적으로 학습해야 한다!

텔레워크는 「情報通信技術(ICT)을 활용한, 場所와 時間에 구애 받지 않는 유연 근무방식」
※텔레워크: 「tele=멀리」와 「work=일」의 합성어

		근무 장소 구분		
		자택 이용형 재택 근무	이동 근무	위성사무실 근무
취업형태 구분	고용형 텔레워크			
	자영형 텔레워크			
		• 사무실 출근 없이 재택 근무하는 형태 • 통상 일주일에 1~2일이 많다. • 반나절 재택근무로 일하는 방법도 있다.	• 고객만남, 이동중, 출장지의 호텔, 교통편의 차량, 커피숍에서 일을 하는 형태	• 회사의 위성사무실이나 공동 이용형 텔레워크센터에서 근무하는 형태

<출처: 일본텔레워크협회>

교훈 세 번째는, 저도 해 보고 아마 이걸 보시는 분들의 일부도 많이 경험해 봤을 '텔레워크'(Telework)에 대한 것입니다. '텔레워크'는 집에서의 재택근무, 이동 중 근무, 위성사무실 근무와 같은 새로운 방식의 근무 형태입니다.

이는, ICT를 이용해서 '텔레', 즉 멀리에서 일을 한다는 것으로 시간과 장소에 구애받지 않는 유연 근무방식입니다. 이번 '코로나19'로 인해서 이에 대해 많이 시험을 해본 셈입니다. 이 과정에서 '이게 굉장히 힘들구나', '스트레스 받는다', '준비가 안 됐네.' 이런 것을 많이 느끼셨을 것입니다. 그래서 재택근무에 대한 보다 치밀한 준비가 필요하다는 교훈을 이번에 얻을 수 있었습니다.

Working Style이 변화할 것이다!

미래 1

글로벌 연결과 소통의 협업능력 필요
• 시간과 공간을 엮는 작업방식의 변화
• 글로벌 R&D, 공급망 등의 협력 시스템 구축

더 유연하게 일하는 재택근무 활성화
• 언제, 어디서나 일하는 능력 확보
• 정보 보안의 문제를 선 해결하는 솔루션 필요

원격 가상협업의 확대
• 프로젝트와 협력 파트너들의 잦은 변화
• 일인당 3~6개의 협업과제의 소통과 협업 능력 지원

'코로나19' 이후의 미래 근무방식 변화 1번입니다.

앞으로 워킹 스타일이 많이 변하게 될 것으로 예상됩니다. 세 가지로 변하게 되는데요, 첫째는 글로벌 연결과 소통에 새로운 방식이 필요합니다. 다시 말하면 지금까지는 해외로 출장을 가서 직접 면대면으로 바이어를 만나서 모든 계약을 성사시키는 이러한 협력 방식을 택했습니다. 원거리의 박람회를 가야 했고, 또 직접 컨퍼런스를 가야 하는 이러한 일들이 불가능해지면서 시간과 공간을 뛰어넘는 새로운 작업 방식이 필요하다는 것을 이번에 절감했습니다. 특히 기업들은 글로벌 R&D, 공급망 등 글로벌로 가상공간에서의 협력체계가 필요하구나 하는 것을 절감했습니다. 그래서 '글로벌 협력의 가상화', 이게 워킹 스타일의 첫 번째 변화입니다.

두 번째는 더 유연하게 일하는 능력, 즉 '텔레워크'가 더 많이 활성화될 것입니다.

세 번째는 회사에서 개인이 여러 개의 협업과제를 수행할 때, 이제 굳이 미팅을 하지 않더라도 원격에서 서로 간에 일할 수 있는 구조가 필요해졌다는 것입니다.

미래의 두 번째 방향입니다. 재택근무와 원격근무를 경험하는 과정에서 드러난 갈등을 조절할 방안이 필요해졌다는 것입니다. 기업의 관심사항, 고용주의 관심사항은 생산성 향상과 원가 절감과 정보 유출 방지에 대한 것으로 더욱 확고해졌습니다.

반면 종업원들의 경우 자기 발전의 어려움과 소통의 어려움을 겪으면서 이런저런 개인 발전과 역량에 의문점이 생기기 시작합니다. 한편

재택근무와 원격근무의 우려

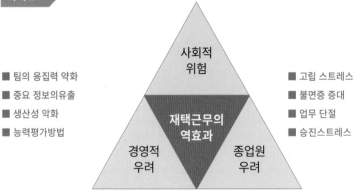

■ 팀의 응집력 약화
■ 중요 정보의 유출
■ 생산성 악화
■ 능력평가방법

사회적 위험

재택근무의 역효과

경영적 우려

종업원 우려

■ 고립 스트레스
■ 불면증 증대
■ 업무 단절
■ 승진스트레스

IBM YAHOO! BANK OF AMERICA

워크 라이프 밸런스가 저절로 이루어진다는 좋은 점을 경험하기도 했습니다. 이렇게 각자의 입장에 따라 관심사항이 더욱 달라졌기 때문에, 미래에 대비해서 앞으로 '텔레워크'를 확산하기 위해서는 서로 간에 갈등이 일어날 수 있는 부분을 조정할 사전 조율이 필요합니다.

사실 재택근무와 원격근무를 먼저 시행해 본 기업들이 많이 있습니다. 우리나라는 '코로나19'로 인해서 국내 기업의 40%가 재택근무를 시험해 봤습니다. 또 외국 기업 중 「도요타」라든지, 「제이피모건」이라든지, 「아마존」도 '코로나19'가 오기 전에 이미 시행해 봤던 기업들입니다. 이 기업들은 왜 이런 방식을 택했을까요? 바로 장점이 있기 때문입니다.

재택근무의 장점은 무엇일까요? 사회적으로는 재택근무를 하게 되면 출퇴근할 때 소모되는 시간을 줄일 수 있습니다. 그다음에 원격근무를 하게 되면 지방 노동 인구가 활성화됩니다. 이는 환경 문제라든지 지역 발전을 위해서 굉장히 좋은 방식이라는 것입니다.

경영적 효과는 무엇일까요? 직원의 생산성이 오히려 향상됩니다. 왜냐하면 단절 현상이 적기 때문입니다. 두 번째는 우수한 인재들이 집에서 일하니까 아주 유연하고 편해서 중소기업 입장에서는 우수한 인재를 채용할 수 있는 효과가 있습니다. 세 번째는 기업의 사무실 운영비가 절감됩니다.

직장인 개인의 효과는 뭘까요? '워크 라이프 밸런스'가 아주 향상되는 거죠. 출근 시간도 줄어들고 피곤함도 덜합니다. 그래서 출근 시간의 절감분을 여유 시간으로 활용할 수 있습니다. 그리고 업무 효율도 향상됩니다.

그런데 재택근무와 원격근무를 했다가 안 한 기업들이 있습니다. 오히려 재택근무와 원격근무를 했더니 문제가 많았다는 겁니다. 그럼 안한 기업들의 얘기도 한번 살펴보죠. 「야후」가 그랬고요, 「IBM」이 그랬습니다. 그리고 그 외의 다양한 회사들이 실질적으로 재택근무, 원격근무를 해 보니 문제가 많았다고 합니다. 그 원인은 몇 가지가 있습니다. 하나하나 또 살펴보도록 하겠습니다. 경영적 관점에서 보면, 팀의 응집력이 있어야 하는데 분산되어 있으니까 사람과 사람 간의 응집력이 약화돼서 실제 위험이 나타났을 때 여기에 응집력 있게 대응을 할 수가 없었다는 겁니다. 두 번째는 중요 정보가 쉽게 유출될 수 있었다는 겁니다. 그리고 세 번째는 능력을 평가할 수 있는 방법이 없다는 거였습니다. 원격에서 일을 배분해 준 것이 모두가 성과가 딱딱 나타나는 것이 아니었습니다. 그래서 평가 기준이 마땅히 없다는 문제가 드러났습니다.

노동자들 입장에선 어떤 우려가 있을까요? 여러분들도 해보셔서 아시지만 고립 스트레스가 있습니다. 혼자 있게 되면 외롭습니다. 누군가와 자꾸 대화를 하고 싶어 합니다. 두 번째는 모니터를 오랫동안 보고 있었기 때문에 밤에 뜨거워진 뇌가 식질 않아서 불면증이 증대된다고 합니다. 세 번째는 집중해서 일하고 있는데 "딩동", 나가 보면 "택배 왔어요." "딩동", "동사무소입니다." 이런 업무 단절, 예기치 않은 업무 단절이 굉장히 많다는 거예요. 일하고 있는데 애가 와서 "아빠, 놀아줘" 그러면 안 놀아줄 수도 없는 겁니다. 이런 업무 단절 현상이 있을 수 있다는 것이지요.

또 하나가 있죠. '과연 내가 승진할 수 있어? 나를 제대로 평가를 못해 주는데?' 하는 승진 스트레스도 있다는 겁니다. 그렇기 때문에 이런 원격을 우려하고, 특히 해커들이 기업의 중요 기밀 데이터를 빼 갈 위험이 있기 때문에 이러한 방식을 택하지 않은 기업들이 상당히 많이 있습니다.

그렇지만 그만둘 수는 없습니다. '텔레워크'는 할 수밖에 없습니다. '코로나19'와 같은 상황이 나타나게 되면 해야 합니다. 그래서 사전 준비가 필요한 것 아니겠습니까?

싱가포르는 Zoom으로 온라인 교육을 하고 있는데, 갑자기 해커들이 들어와서 화면에 포르노 동영상을 올렸습니다. 그래서 큰 문제가 돼서 싱가포르가 원격 강의를 중단한 바 있습니다. 바로 이런 위험성이 따르는 것입니다.

따라서 '텔레워크'와 관련된 평가 방법, 보안 규정, 이런 것들을 제도적으로 사전적으로 완비해 놓아야 합니다. 이런 철저한 준비를 해놓아야지 미래에 '텔레워크'를 원활하게 수행할 수 있는 것입니다.

미래 3

인공지능 기반 Call Center가 증대된다!

사용자 감정을 인지하고 상호작용	50여 개 글로벌 기업 고객응대
동료 인간과 연결할 때 정보를 제공	40여 개 언어 구사
정보를 조사하여 추가 제공	93% 정확도 학습으로 진화

<출처: 아멜리아 홈페이지>

미래 세 번째는, 앞으로 대화형 인공지능 협업이 증대된다는 것입니다. 근무 환경의 변화이죠. 「액센추어 리서치」가 조사를 해 보니까 61%의 CEO들은 사람과 기계의 협업이 오히려 업무를 좀 더 빠르고 효율적으로 달성하는 데 도움이 될 것이기 때문에 도입하겠다고 했습니다.

다시 말하면 인공지능과 인간이 협업하게 되면 인공지능의 빠른 위험 인지, 대규모로 정보를 처리할 수 있는 능력, 의사결정 지원 능력, 고객을 개인 하나하나마다 관리할 수 있는 능력, 이런 것들로 인해서 인간이 더 일을 잘할 수 있게 되기 때문에 인공지능과의 협업이 증대될 것이고, 이에 따라 근무 터가 바뀌게 될 것입니다.

그중에서도 앞으로 '콜센터'가 인공지능 도입의 선도적인 창구가 될 겁니다. 아마도 제일 먼저 인공지능이 들어가게 될 것입니다. 실질적으로 우리나라에 '콜센터'를 운영하고 있는 대기업들은 이번에 엄청난 위기를 직접 목격하면서 집적형 일터인 '콜센터'에 인공지능을 같이 훈련시켜서 넣어놔야 중단 없는 '콜센터'가 운영되겠구나 해서 지금 개발 붐이 일어나고 있습니다.

'근무방식의 변화'로 보는 미래 유레카

세 가지를 다시 살펴보도록 하겠습니다.

첫 번째, '콜센터' 등 인간 중심의 정보전달 소통 업무는 모두 인공지능과 로봇으로 대체될 가능성이 굉장히 높습니다. 이 필두는 '콜센터'로 올 것입니다.

두 번째는 재택근무, 이동근무, 위성근무, 이 세 가지를 합쳐서 '텔레워크'라고 하는데요. 이 '텔레워크'가 정기적 또는 상시적으로 시행될 것입니다. 그것이 순환적이든 어쨌든 간에 미래를 대비해서 재택근무가 굉장히 필요하다는 걸 인지했기 때문에 이런 것들의 새로운 변화가, 근무 방식의 변화가 일어날 것으로 보입니다.

세 번째. 일터에 신기술 변화가 따르면, 거기에 일자리 충돌, 또는 단점이나 위험 요소들이 존재하게 됩니다. 그래서 이런 것들을 선제적으로 수행해 오면서 제도를 철저하게 준비해야 됩니다. 이 제도에는 인사평가 방법의 제도뿐만 아니고, 보안에 대한 대책, 이런 모든 것을 수반하는 철저한 준비가 되어야 여러분의 일터가 안전하고 더 창의적으로 더 효과적으로 변할 수 있으리라고 생각됩니다.

동영상 강의
https://www.youtube.com/watch?v=4jVWtEpyOqI&t=8s

제6강

디지털 영상 미디어 소비시대가 온다

떠오르는 핵심적인 산업들

교훈 1

원격 영상 소통 도구들의 보급이 확산되었다!

- 2020년 2월 1개월 동안 다운로드 90% 증가
- 사용자 세션 17% 증가 월간사용자 3.5배 증가
- 회의, 교육, 세미나 등 활용범위 증대

'코로나19'로 인해서 떠오르는 산업들이 있습니다. 그중의 핵심적인 세 가지를 살펴보겠습니다. 그리고 이번 강의에서는 '디지털 영상 미디어 소비시대가 온다'라는 내용으로 통찰력 있게 살펴보도록 하겠습니다.

'코로나19'가 준 첫 번째 교훈입니다. VOD(Video on Demand, 주문형 비디오) 구독자가 증대되었다는 사실입니다. VOD란 우리가 TV처럼 본방을 사수해서 일방적으로 시간대별로 주어지는 영상을 소비하는 게 아니고, '유튜브'와 같이 광고를 시청하면서 내가 원하는 걸 골라 보거나, 아니면 TV에서 신작 영화를 구독하거나, 월정 구독료를 내고 내가 여러 가지 영화를 선택해 볼 수 있는 서비스를 말합니다.

그런데 '넷플릭스'와 같이 이런 형태의 VOD 산업들은 '코로나19'가 확대되면서 매우 발전하게 되었습니다. 그 이유는 사람들이 밖에 잘 나가지 못하고 집 안에만 있는 시간이 많아지면서 이러한 영상 서비스 소비가 폭발적으로 증대되었기 때문입니다. '넷플릭스' 같은 경우에는 '코로나19'가 확대되면서 거의 4천만 명에 해당되는 구독자가 증가했다고 발표했습니다.

교훈 두 번째, 원격 영상 소통 도구들의 보급이 확산되었습니다. 이는 온라인상에서 교육을 받고, 온라인으로 미팅을 할 필요성 등이 증대되었기 때문입니다. 그중 Zoom이라는 스타트업의 서비스는 전 세계적으로 엄청난 각광을 받았는데, 매달 사용자가 3.5배씩 증가했다고 합니다. 그만큼 이런 영상 소통 도구들의 보급이 확산되었다는 것입니다.

교훈 세 번째입니다. 여러분께서도 잘 아시겠지만 컨벤션들이 하나도 열리지 않게 되었습니다. 컨벤션은 어떤 의미를 가질까요? 특히

교훈 2 취소된 컨벤션들로 마케팅 기회가 상실되었다!

전 세계적으로 컨벤션의 **90%** 가 취소

24-27 February 2020

B2B 회사들에게 컨벤션은 자기가 가진 신제품들을 영업하고 마케팅하며 신규 고객을 확장할 수 있는 좋은 기회입니다. 그런데 90% 이상의 컨벤션이 전 세계적으로 취소되어버렸습니다. 지금 CES 빼놓고는 나머지 '모바일 월드 콘그레스'(Mobile World Congress)라든지 또 우리나라에서는 서울의 코엑스와 같은 컨벤션센터의 전시회들이 모두 취소된 거죠. 이렇게 되면서 기업들은 마케팅 기회가 상실되고 마케팅의 업무가 단절되는 사상 초유의 경험을 해 보게 되었습니다.

첫 번째는 이런 영상 욕구가 증폭된다는 것입니다. 이제 쌍방향 리얼타임 교육, 회의의 욕구가 증대됩니다. 가상공간에서 협업을 해야 되고, 또 선체험을 통한 구매도 해봐야 하고, 영상을 통해서 DIY(Do It Yourself)도 할 수 있는 여러 가지 요구가 분출되게 됩니다.

그런데 현재 우리가 사용하고 있는 초고속 통신망이나 4G 가지고

미래에는 어떤 것들이 새롭게 다가올까요?

5G의 보급과 AI의 융합이 더욱 가속화될 것이다.

미래 1

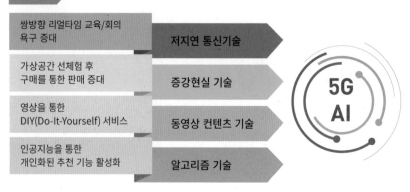

쌍방향 리얼타임 교육/회의 욕구 증대	저지연 통신기술
가상공간 선체험 후 구매를 통한 판매 증대	증강현실 기술
영상을 통한 DIY(Do-It-Yourself) 서비스	동영상 컨텐츠 기술
인공지능을 통한 개인화된 추천 기능 활성화	알고리즘 기술

는 이러한 영상 소비의 엄청난 통신량을 견뎌낼 수가 없습니다. 따라서 초저지연 통신 기술, 증강현실 기술, 그리고 동영상을 콘텐츠 하는 기술 등등, 데이터의 양과 화질이 보장되고, 또 끊어지지 않고 이른바 튕기지 않는 새로운 통신 수단이 필요하다는 것입니다. 그것이 바로 뭘까요? 지금 우리나라에서 세계 최초로 깔고 있는 5G입니다. 거기에 AI가 결합돼서 이러한 통신에 영상이 같이 서비스되는 형태의 산업들이 상당히 커질 것으로 예측이 되고 있습니다.

예견되는 미래 두 번째입니다. 여러분 SNS 많이들 하시죠? 페이스북, 트위터, 또는 인스타그램, 이런 것들을 하는 사람들이 많습니다. 그러나 이제 동영상 기반의 5세대 소셜미디어가 등장할 것입니다. 잠깐 독자들의 이해를 돕기 위하여 1세대부터 5세대까지를 살펴보겠습니

동영상 기반 5세대 소셜미디어가 등장한다!

❺ n대n, 동영상, 5G

❹ n대n, 사진+문자, 스마트폰

❸ n대n, 문자+사진, 초고속 통신망

❷ 1대n, 문자+사진, 인터넷

❶ 1대n, 문자, 인터넷

다. 1세대는 바로 블로그와 같은 형태였습니다. 블로그는 어떤 관계를 맺는 것이 아니고, 내가 어떤 지식을 올려놓으면 다른 사람들이 그것을 퍼 가는, 가져가는 이러한 형태였습니다. 이와 같은 집단지성의 시대가 바로 이 블로그에서 시작되었습니다.

2세대 SNS는 어떤 것일까요? 대표적인 것으로 우리나라에서 등장한 싸이월드가 이것의 원형이라고 할 수 있습니다. 연예인과 같이 어떤 특정한 인물들에게 팔로워들이 모여서 문자와 사진으로 서로 간에 공감을 갖는 이러한 형태들이 2세대 SNS라고 볼 수가 있습니다.

3세대 SNS는요, 싸이월드가 발전해서 트위터나 페이스북과 같이 n대 n의 관계를 연결하는 것입니다. 사람과 사람 사이를 연결하는 것이죠. 이것은 바로 초고속 통신망이 나타났기 때문에 이 많은 관계를 처리할 수 있는 기본 통신망을 갖게 된 것입니다. 그래서 문자와 사진으로 사람들끼리 대화하고, 또 관계를 형성하고 관계를 넓히고 이런 것들이 발생하게 된 것입니다.

4세대 SNS는 스마트폰이 등장하면서 왔습니다. 바로 인스타그램이죠. 페이스북과 인스타그램은 어떻게 다를까요? 3세대 SNS는 문자가 중심이고 사진은 옵션이었습니다. 그런데 4세대는 사진이 필수고 문자가 옵션입니다. 그래서 '#기분 짱나' 이렇게 표현하는 것들이 바로 4세대 SNS가 되겠습니다. 우리의 인증샷 문화가 나오게 된 것도 바로 이때가 되겠습니다.

이제 앞으로 등장한다는 5세대는 어떤 것일까요? n 대 n의 관계를 맺되, 사진 중심이었던 4세대와 달리, 영상 중심으로 바뀌게 되는 SNS들이 등장하게 될 것입니다.

싸이월드는 우리나라가 처음으로 만들었습니다. 그런데 공인인증을 받아야 한다든지 또는 지나치게 상업적이었기 때문에 사람들이 떨어져 나가게 되었습니다. 결국 싸이월드는 세계화에 실패하면서 기회를 페이스북이나 트위터에 넘겨주고 말았습니다.

이제 5세대 SNS와 관련된 산업에서 우리가 선도적으로 역할을 한다면 큰 기회를 맞을 겁니다. 벌써 이런 서비스의 초기 모형들이 나와 있습니다. 중국 기업이 만든 '틱톡'은 요즘 미국과 유럽의 젊은이들 사이에 아주 엄청나게 유행을 하고 있습니다. 틱톡은 2020년 5월에 인스타그램의 사용자 수를 넘어섰습니다. 인스타그램은 '나 여기 있어'라는 인증샷 문화를 낳은 사진 기반 소셜네트워크였습니다. 그런데 코로나19 동안 돌아다니지 못하는 젊은이들은 '너 뭐 하며 지내니?'라는 동태적인 소통수단이 필요했습니다. 그래서 틱톡이라는, 15초에서 1분의 짧은 동영상을 올리면서 친구들과 웃으며 소통하는 플랫폼으로 대이동을 하였습니다. 코로나19 동안 틱톡의 다운로드 수는 3억 5천만 건에 달하게 되었습니다. 앞으로 이러한 동영상 중심 소셜네트워크가 새로운 소셜네트워크로 자리매김하게 될 것입니다. 모르는 분들이 많은데, 우리나라의 젊은 기업가가 만든 '아자르'라는 동영상 기반 매칭 앱이 각광을 받고 있습니다. 중동지역을 기반으로 지금까지 다운로드만 해도 한 2억 건에 이르고 있습니다. 여기서 매칭이라 함은 남녀 간의 연결이 아니라, 내가 관심 있는 '주말 파티'와 같은 관심사를 가진 전 세계의 사람들을 인공지능을 기반으로 언어와 상관 없이 번역을 통해서 연결해 주는 서비스입니다. 지금까지 매칭한 건수만 해도 3백억 건이 넘는다고 합니다.

이러한 동영상 기반 소셜네트워크는 엄청난 통신 부하를 견뎌 줄 수 있는 5G를 통해서 더 많은 동영상, 더 긴 동영상, 더 높은 해상도의 동영상들을 소화할 수 있게 될 것입니다. 그리고 인공지능이 개입해서 사람과 사람 사이의 연결, 서로 간의 언어 문제나 또는 동영상 검색 어려움들을 빠르게 해결해 주는 새로운 형태의 SNS로 발전될 것으로 예상이 되고 있습니다.

영상 미디어 시대의 다가오는 미래, 세 번째를 살펴보겠습니다. 앞서 교훈에서 살펴보았듯이 전 세계 모든 전시회가 취소되면서 기업들은 마케팅과 오프라인 만남의 기회가 상실되었습니다. 따라서 가상공간

B2B Marketing도 변해야 한다!

미래 3

먼저 변화한 B2B회사들은
8% 더 높은 수익률과 5배 높은 성장률을 기록하고 있다.

에서 이러한 기업활동을 할 수 있는 대안을 만들게 될 것입니다.

지금까지 B2B 기업들의 마케팅과 영업 방법은 오프라인에서 만나서 명함을 나누고, 이메일로 소통한 후 다시 면대면으로 설명하고 계약하는 방식으로 이루어졌습니다. 그러나 앞으로 이런 면대면 구조는 가상공간에서 만나 해결하는 언택트(untact) 문화로 급격하게 변화될 것으로 판단됩니다. 최근 「아마존」은 '아마존 비즈니스'라는 걸 오픈했습니다. 바로 지금까지의 'B2C' 형태의 거래가 아니고, 공급자와 수요자가 연결되는 형태입니다. 다시 말하면 구매하고자 하는 기업이 판매하려는 기업과 가상공간에서 상호 소통하고 계약하는 새로운 플랫폼입니다. 우리나라 정부는 정부 및 공공기관이 요구하는 물자와 이에 대한 공급자를 손쉽게 연결하는 G2B라는 조달체계 플랫폼을 오래 전부터 운영해 왔습니다. 이 경험을 민간에게 오픈해서 함께 세계화시킬 수 있는 좋은 기회가 열렸다고 볼 수가 있습니다.

또한 디지털 카탈로그와 같이 새로운 형태의 카탈로그(Catalog)나 브로슈어(Brochure)들이 이제 유행을 하게 될 것입니다. 다시 말하면 우리가 지금까지는 PDF로 카탈로그를 그냥 전달한 것에 반해서, 새로운 디지털 카탈로그는 해당 제품을 클릭하면 관련 유튜브 url 또는 내장된 동영상을 제공하여 문자와 사진 중심에서 언어와 동영상 중심으로 고객에게 제공해 주는 형태로 변하게 될 것입니다. 연구에 따르면 인간의 상황 인지력은 문자보다 영상 도구를 통해 훨씬 높게 나타나기 때문에 이러한 언어와 영상 중심의 서비스는 새로운 디지털 기술들과 결합하여 많은 기업들이 도입하게 될 것으로 예상됩니다.

또 기업들은 이제 다양한 컨벤션에 의존하는 비율을 낮추고 스스로 자기의 제품과 기술을 웹 세미나, 다시 말하면 '웨비나'(Webinar)와 같은 것을 개최해서 직접적으로 고객한테 알리는 능동적 마케팅을 수행하고, 가상공간에서 다양한 국가들의 다양한 바이어들과 만날 수 있는 새로운 형태의 가상 공간 전시 플랫폼들이 출현하게 될 것으로 예상이 됩니다. 백문이 불여일견이라는 말이 있습니다. 보는 것이 훨씬 이해가 잘된다는 거죠. 이제 기업들은 2022년까지 고객과 기업 운영에 있어서 70%가 이러한 동영상 중심으로 재편될 것입니다. 또는 가상현실을 시도할 것이고, 25% 정도는 제품에 적용할 것이라고 '가트너 그룹'은 미래 변화를 예측하고 있습니다.

또한 기업들은 증강현실의 기술을 이용하여 자신의 제품을 구매한 고객에게 제품의 활용법, 원격 소프트웨어 업데이트 등을 제공해주는 새로운 서비스로 무장하게 될 것입니다. 또 자기 제품에 대해서 AS를 할 경우도 직접 방문하지 않더라도 동영상으로 원거리에 있는 고객들이 직접 고쳐볼 수 있는 DIY 시장도 많이 커질 것입니다. 또 디지털 트윈과 같은 기술들도 이 5G 시대를 맞아서, 또 이 비욘드 '코로나19'의 새로운 변화에서 널리 확산될 것으로 판단이 됩니다.

'디지털 영상 소비시대의 확산'으로 보는 미래 유레카

세 가지를 살펴보도록 하겠습니다.

첫째, 5G 보급은 이제 디지털 영상 소비시대를 촉진하는, 촉매제가 되는 것입니다. 그리고 인공지능이 거기에 더해져 결합하면서 이러한 영상 중심의 새로운 산업 형태는 큰 발전을 가져올 것으로 보이며, 또 다시 새로운 모델들이 등장할 것으로 예견되고 있습니다.

둘째, 다자간에 동영상으로 서로 소통하는 5세대 소셜미디어가 앞으로 등장하게 될 것입니다. 지금은 불과 몇 개의 소셜미디어의 원형 모형들이 등장하고 있습니다. 하지만 이것들이 앞으로 굉장히 크게 확산될 것입니다. 과거에 우리가 싸이월드로 주도권을 잡았지만 페이스북과 같은 새로운 형태로의 SNS에 그 주도권을 넘겨주면서 우리는 기회를 상실했습니다. 그러나 이제 5G에 맞춰서 새로운 동영상 중심의 SNS는 우리나라의 스타트업들이 기회를 잡아 성공해서 세계화시켰으면 합니다. 정말 우리나라의 인재들이 뛰어난 창의력을 바탕으로 해서 이 시대를 주도했으면 하는 것이 필자의 바람입니다.

셋째, 이번 '코로나19'로 인하여 컨벤션이 안 열리면서 마케팅 기회를 상실한 B2B 업체들, 또는 B2C 업체들은 이제 새로운 형태로 자기를 알리는 방법을 모색하게 될 것입니다. 왜냐하면 이러한 위기가 또 온다면 기업 활동이 정체되기 때문이죠. 특히 고객과의 연결에 있어서 아주 취약한 형태를 이번에 드러내지 않았습니까? 따라서 온라인 기반 디지털 마케팅, 다시 말하면 디지털 카탈로그, 브로슈어, 가상 컨벤션 등과 같은 다양한 영업 매체들이 4차 산업혁명의 디지털 기술들과 융합하여 새로운 서비스를 고객에게 제공하는 변화가 코로나19 이후에 시작될 것으로 판단됩니다.

동영상 강의
https://www.youtube.com/watch?v=L-ql4aoI9uM&t=27s

제7강

'오프 + 온 + AI'의
디지털 서비스 대변혁이 온다

코로나 이후, 국내 오프라인 유통의 역성장

교훈 1

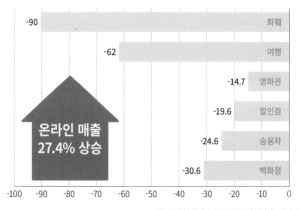

<자료: 기획재정부, 2020년 2월 매출을 전년 동월과 비교>

'코로나19'로 인한 8대 변화의 일곱 번째 시간입니다. 이번에는 '유통이 오프와 온과 AI로 결합되는 디지털의 대변혁'이라는 내용으로 살펴보도록 하겠습니다.

‘코로나19’가 준 교훈 첫 번째입니다. ‘코로나19’ 이후에 오프라인 유통이 거의 몰락의 기미를 보이고 있습니다. 그러나 온라인은 가파른 상승세를 보였습니다. 우리나라 경우 온라인 매출의 27.4%가 ‘코로나19’ 기간 동안 상승했습니다. 반면 백화점, 영화관, 화훼, 또는 여행, 이런 부문의 오프라인 산업들은 전부 위축이 됐다는 것이 「기획재정부」의 발표입니다.

도시 봉쇄를 택한 미국 및 유럽국가들은 80~90%까지 온라인 매출이 상승하였습니다. 이런 상황에서 매출이 급감한 오프라인 유통이 연쇄적으로 도산하는 사태가 벌어지고 있습니다. 뉴스 매체에 따르면 100년 이상이 된 백화점들도 쓰러지고 있습니다. ‘JCPenney’라든지, ‘메이시스’라든지 이런 100년 이상 된 백화점들 역시 예외 없이 쓰러지고 있습니다.

그런데 이러한 현상은 이미 ‘코로나19’가 오기 전에 많이 예견이 되어 있었습니다. 우리나라의 경우도 e마트, 롯데마트 그리고 백화점과 같은 오프라인 유통회사들이 2018년부터 적자가 발생하여 점포 축소와 부대 산업 폐지와 같은 구조조정을 하고 있었다는 것을 우리는 익히 알고 있습니다. 이번 코로나로 인한 것보다는 원천적으로 현재와 같은 경영방식으로는 온라인 공세를 이겨낼 수 없다는 것입니다.

교훈 두 번째입니다. 온라인과 오프라인 유통은 각각 장점과 단점이 있습니다. 그래서 단점 중심으로 양쪽을 좀 살펴보도록 하겠습니다. 온라인 유통의 단점은 첫째, 오감만족이 불가능하다는 겁니다. 다시

온라인과 오프라인은 각각 단점이 있다.

교훈 2

온라인 유통의
단점

오프라인 유통의
단점

오감 만족 불가능	선반 보유 상품 한정
오픈마켓 출혈 경쟁	이동 및 구매 소요시간 필요
일부 제품 품질 문제	추천기능과 콘텐츠의 부족

말하면 입어보고, 신어보고 해야 할, 즉 안경을 맞춘다든지, 신선식품이라든지 이런 부분에 있어서는 아무래도 온라인 유통은 한계가 있습니다. 사실 이런 부분은 많은 매출을 기대하지 못하고 있습니다.

두 번째는, 우리나라에 있는 G마켓, 옥션, 11번가 등은 전부 오픈마켓입니다. 이 오픈마켓은 특성을 갖고 있습니다. G마켓 같은 인터넷 사업자들은 장만 열어 주고 실제로 그 안에서는 소규모의 상인들끼리 출혈 과다 경쟁을 하고 있다는 점입니다. 그래서 오픈마켓만 돈을 벌고 실질적으로 그 안에서 활동하는 상인들은 대부분 돈을 벌지 못한다는 문제가 있습니다. 또 일부 제품은 품질 문제가 있습니다. 실질적으로 사양을 낮춘 그러한 제품들도 많이 유통되고 있어서 반품이 굉장히 많다는 게 온라인 유통의 단점이 되겠습니다.

이제는 오프라인 유통의 세 가지 단점을 살펴보겠습니다. 첫째, 오프라인은 진열대라는 선반이 있습니다. 그런데 선반에 쌓아놓을 수 있는 상품이 한정적입니다. 바로 이런 부분은 온라인에 비해서 열세가 두드러지게 나타나고 있습니다. 두 번째, 현대인들은 시간을 아주 소중하게 생각하는데, 오프라인 현장까지 도달하는 데 걸리는 이동 시간, 구매 소요 시간, 그리고 결제 대기 시간 등등, 이런 시간이 너무 많이 걸린다는 단점이 있습니다. 그래서 이런 여러 가지 요인 때문에 온라인을 선호하는 사람들이 많이 늘어나게 됩니다. 세 번째는, 온라인은 다양한 상품을 볼 수 있는 데 비해서 오프라인은 현장에 진열된 물건만 볼 수 있고 구매자가 진열된 상품 이외에는 사고자 하는 제품에 대한 다양한 콘텐츠의 추천을 받지 못한다는 문제가 있습니다. 그래서 실질적으로 많은 사람이 오프라인 유통 중에 스마트폰을 통해서 검색을 해 보고 현장에 가서 구매하는 현상들이 일어나고 있는 것입니다. 다시 말하면 오프라인 유통업자들은 콘텐츠가 턱없이 부족하다는 것입니다.

그렇다면 미래는 어떻게 될까요? 바로 이 오프라인과 온라인의 장점이 서로 결합하는 현상이 일어납니다. 그리고 거기에 당연히 AI가 들어가는 거죠. 이것은 어디서부터 시작될까요? 바로 오프라인 업체들이 시작을 하게 됩니다. 왜냐하면 이번 '코로나19'를 통해서 위기를 겪은 오프라인 산업들은 이제 변혁을 통한 탈바꿈을 하기 위해서 엄청난 노력을 기울이게 될 것이기 때문입니다.

그래서 변화 방향에 대하여 네 가지를 살펴보겠습니다. ① 옴니 채

"오프+온+AI"의 새로운 커머스가 등장한다!

널(Omni-Channel)의 복합화. ② 당신만을 위한(Just for You) 서비스의 증대. ③ 스토어 자체를, 즉 오프라인 스토어 자체를 디지털화시키는 것. ④ 마지막으로 콘텐츠의 무기화. 이런 네 가지를 가지고 살펴보도록 하겠습니다.

첫 번째. '옴니 채널로 변신하라'라는 것입니다. 사실 지금까지 멀티채널은 다양한 채널을 갖고 있었습니다. 교보문고처럼 오프라인 스토어도 갖고 있고 웹사이트도 갖고 있고, 모바일로도 판매하고 각종 소셜미디어에서도 여러 가지 판매활동을 합니다. 그런데 이것들은 통합한 하나의 환경이 아니고 여러 개의 채널로 그저 분산되어 있을 뿐입

옴니 채널로 변신하라!

교훈 4

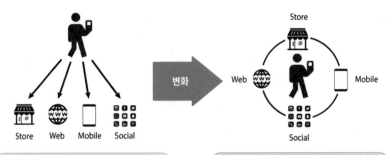

'국따로 밥따로'의 따로국밥

Multichannel

Store　Web　Mobile　Social

'모든 것이 연결'된 섞어찌개

Omnichannel

Store
Web　Mobile
Social

변화

• 온라인은 오프라인의 보조 수단
• 오프라인의 취급 제품만
　온라인으로 판매
• 고객 정보의 통합관리 부재로
　개인 맞춤형 서비스가 불가능

• 오프라인+온라인+인공지능
　= 디지털 스토어 (월마트)
• 오프라인은 판매 매장이자
　온라인 판매의 창고(허마셴셩)
• 고객 정보가 하나로 통합되어
　'당신만의 서비스 제공'

니다. 여러 가지 채널에서 노출되기 때문에 고객들의 이해도가 부족합니다. 다시 말해 하나의 채널처럼 운영하고 있지 않다는 것입니다. 각각 따로따로 운영하고 있다는 점입니다. 그래서 옴니 채널로 가야 한다는 주장입니다. 옴니 채널은 모든 채널들이 하나의 채널처럼 운영되는 방법입니다. 고객 관리의 통합은 물론이고, 이 모든 채널이 동등한 여러 가지의 조건으로 가는 것입니다. 예를 들어서, 오프라인 매장이 있으면 매장에 취급하지 못하는 상품을 온라인 매장에서 더 확대시켜서 오프라인이 온라인 상점처럼 되는 것입니다. 이런 형태로의 발전이 모색되어야 온-오프라인이 모두 발전할 수 있습니다. 그런데 지금까지의 오프라인들은 오프라인에서 이루어지는 상품만을 취급하거나, 아니면 온라인과 오프라인이 별도로 움직이는 이러한 멀티 채널을 운영해 왔지, 옴니 채널 방식으로 운영하지 않았다는 겁니다.

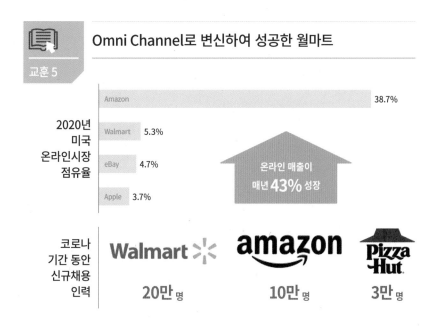

교훈 5

Omni Channel로 변신하여 성공한 월마트

2020년 미국 온라인시장 점유율

- Amazon 38.7%
- Walmart 5.3%
- eBay 4.7%
- Apple 3.7%

온라인 매출이 매년 **43%** 성장

코로나 기간 동안 신규채용 인력

Walmart **20만** 명

amazon **10만** 명

Pizza Hut **3만** 명

이 성공 사례가 있습니다. 바로 '월마트'입니다. 독자 여러분 혹시 소식 들으셨나요? '월마트'는 이번에 '코로나19' 상황에서 20만 명을 신규 채용했습니다. 다른 데는 전부 해고를 하고 있는데 어떻게 20만 명이나 더 신규 채용을 하게 되었을까요? 월마트는 이미 온라인 업체로 복합발전을 했다는 사실입니다. 월마트는 지난 3년간 오프라인 스토어의 매장 매출이 2.1%씩 매년 성장했는데, 온라인 매출은 매년 43%씩 성장했다는 겁니다. 그만큼 온라인 업체로의 변신에 성공했다는 이야기가 됩니다. 2020년 미국의 온라인 시장 점유율에 따르면 월마트가 아마존에 이어서 2위입니다. 놀랄 만한 사실은 '이베이'(Ebay)입니다. 이베이가 어떤 회사입니까? 이베이는 우리나라의 G마켓과 옥션을 소유하고 있는 대표적인 오픈 마켓입니다. 그런데 월마트가 바로 이베이를 넘어섰다는 이야기입니다. 놀라운 사실은 그 성장 속도가 엄청나게 빨라서 아마존의 오프라인 성장률까지 역성장시키고 있습니다. 이러한 놀라운 효과를 나타내고 있는 게 바로 월마트입니다.

또 다른 사례도 있습니다. 중국의 '허마셴셩'이라는 신선식품 매장입니다. 알리바바의 계열사인 이 유통기업은 오프라인에 온라인을 결합한 회사입니다. 그래서 오프라인의 매장이 판매장이면서 또 창고이기도 합니다. 온라인 판매의 창고가 판매장 역할도 한다는 이야기입니다. 이 신유통 개념의 '허마셴셩'은 온라인 매출 비중이 거의 60%에 달하고 있습니다. 이러한 새로운 유통의 혁신, 이런 현상들이 앞으로 많이 나타날 것입니다.

두 번째는요, 'Just for You' 서비스로 무장을 하는 겁니다. 한 사람의 고객만을 위한 서비스를 하라는 뜻입니다. 이렇게 하기 위해서는 기업들은 자기가 이제까지 다루었던 고객에 대한 데이터를 확장할 필요가 있습니다. 지금까지는 특정한 A라는 고객이 몇 월 며칠, 어떤 제품을 얼마에 샀다는 거래 데이터만 가지고 있습니다. 이러한 제품 중심의 협소한 데이터 관념을 고객 개인의 구매 습관으로 추천해주는 보다 넓은 데이터 관점으로 변화해야 합니다. 예를 들어 우유를 구매

'고객-for-You' 서비스로 무장하라!

교훈 6

고객의 개인화된 데이터를 기반으로 서비스 하라		고객 AI와 연결
고객 개인의 변화하는 취향을 분석하라!		미래위험 유발 요인 파악
고객 삶의 숨겨진 데이터를 활용하라!		징후 모니터링 실시

하려는 고객에게 많은 우유들을 제시해 주고 이 중에서 고르라고 했던 방식에서, 과거에 구매한 우유와 구매한 수량을 제시해 주는 당신만을 위한 서비스로 변화되어야 합니다. 그리고 이런 개인별 고객 습관을 인공지능에게 학습시켜서 인공지능과 고객과의 상호 소통 도구를 만들어야 합니다. 그리고 고객의 계속적으로 변하는 취향 등을 데이터로 만든 후, 고객에 대한 학습을 통하여 변화되는 취향에 맞춰서 옷을 추천해 준다든지, 또는 다양한 상품을 제공해 주는, 이러한 형태로의 변화가 필요합니다.

또한 가족에 대한 데이터도 있어야 합니다. 예를 들어서 백화점 같은 경우에는 젊은 주부를 끌어들이기 위해서는 그 젊은 주부의 투자 1순위인 아이들에 대한 정보, 그리고 아이들을 위한 상품, 아이들을 잘 키우기 위한 콘텐츠, 이런 것들을 같이 제공해 주어야 합니다. 다시 말하면 이제까지는 상품을 판매하는 거래 중심 데이터만을 이용했다면 앞으로는 고객의 생활양식의 데이터까지 축적하여 'Just for You' 서비스를 해야 한다는 것입니다.

세 번째는 매장을 인텔리전트한 디지털 스토어로 바꿔야 한다는 것입니다. 월마트는 천장에 달린 멀티비전을 통해서 소고기, 바나나의 재고가 어느 칸에서 소진되고 있는지를 인공지능이 리얼타임으로 인지하고 분석하고 있습니다. 과일 같은 경우에는 그것이 얼마나 익었는지 알아서 많이 익게 되면 바로 따로 패킹해서 할인 판매를 유도한다든지, 이런 것들을 인공지능이 도와주고 있습니다. 무엇보다 더 중요한 것은 사람들이 많이 몰리는 진열대와 그렇지 못한 진열대를 구별해서 사람들이 많이 머물지 않는 선반에 있는 제품은 즉시즉시 바꿔서 매출을 높일 수 있도록 도와주는 놀라운 역할도 수행하고 있습니다. 이것을 매장 고객의 열기를 측정한다 하여 'Heat Map' 마케팅이라고 부르고 있습니다.

네 번째는 콘텐츠 기반 상품 판매를 하라는 것입니다. 이것은 무슨 얘기일까요? 오프라인은 그저 물건만 팔면 끝입니다. 그렇지만 고객은 그걸 가지고 가서 생활 속에서 단기간, 또는 장기간 쓰게 되죠. 계속 그러한 관계를 맺을 수 있는 것이 바로 콘텐츠라는 것입니다. 게를 샀을 때 그것을 어떻게 요리해 먹을까, 사람마다 상황마다 다르지 않습니까. 그런 콘텐츠를 제공해 줘야 합니다. 또 여러 가지 의류나 양모제

상품별 고객 요구 콘텐츠의 예

식품: 신선도, 요리방법

의류: 오염제거, 세탁방법

가전: 활용법, 고장수리

직원: 고객정보, 선호제품

품, 이런 걸 사게 되면 '어떻게 세탁해야 할까요?' 그런 것들을 계속 콘텐츠로 유지시켜 줘야 합니다. 예를 들면 '화장품 중 립스틱은 어떻게 써야 할까요?'라는 것들이죠. '전자제품은 어떻게 고칠 수 있을까요?' 이런 것들을 말합니다. 또 실질적으로 고객이 방문했을 때 종업원들이 그 고객에 대한 개인적인 성향이나 선호품의 내용을 알고 그 사람에게 딱 맞춤형 서비스를 할 수 있는 이러한 콘텐츠를 기반으로 하는 상품 판매방법이 이제 오프라인 유통에 많이 적용되는 변화가 일어날 것으로 판단이 됩니다.

'유통의 오프+온 디지털 대변혁'의 미래 유레카

'유통의 오프+온 디지털 대변혁'의 미래 유레카를 살펴보도록 하겠습니다. 첫 번째, '코로나19' 이후 비접촉 문화로 온라인 유통 기업이 일시적으로 증가했습니다. 그렇지만 오프라인의 위력은 줄지 않습니다. 온라인이 차지할 수 있는 전체 유통의 한계를 학자들은 30%에서 35%로 보고 있습니다. 왜냐하면 오프라인에서 직접 입어보고 신어보고 만져보고자 하는 그러한 인간의 욕구는 변화되지 않기 때문입니다.

두 번째, 그러나 이번 '코로나19'로 인해서 큰 위기에 봉착했던 오프라인이 이제 변화의 시동을 걸기 시작할 것입니다. 온라인의 장점을 흡수하고 또 AI를 비롯한 다양한 디지털 기술로 무장해서 새로운 산업으로 거듭날 것으로 판단이 됩니다.

세 번째, 이 중에서 가장 중요한 것이 있습니다. 이제 당신만을 위한(Just-for-You) 서비스를 해야 합니다. 그러기 위해서는 거래 중심의 데이터에서 고객 중심 삶의 데이터로 취급 방법을 변화시켜야 합니다. 그다음에 거기에 관련된 다양한 분석 기법을 인공지능과 함께 결합해서 새로운 디지털 경험을 고객한테 제공하는 기업이 미래의 성공을 약속받는다고 볼 수 있겠습니다.

동영상 강의
https://www.youtube.com/watch?v=hWQza8mLzFk&t=8s

산업

제8강

예방과 돌봄의
디지털 예방의학이 부상한다

예방의학 산업의 부상

교훈 1 **60세 이상의 노인이 많이 사망했다!**

[전 세계 65세 이상 인구(12%, 7억명)가 새로운 실버산업을 요구]

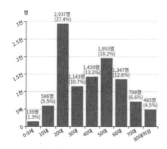

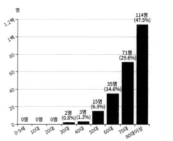

<출처: 한국질병관리본부, 2020.4.25>

비욘드 '코로나19' 8대 변화 중의 마지막 시간입니다.

코로나19의 위기가 끝나게 되면 '디지털 예방의학' 산업의 부상이 예견되고 있습니다.

'코로나19'가 준 교훈 첫 번째입니다. 정말 안된 일이지만, 이번에 60세 이상의 노인이 너무 많이 사망했습니다. 우리나라 경우에도 사망자의 대부분이 거의 60세 이상의 노인들이었습니다. 그러면 앞으로 65세 인구가 얼마나 되겠습니까? 65세 이상의 인구, 즉 고령화 인구가 전 세계에 7억 명이 있다고 합니다. 이제까지의 노인들이 원하는 실버산업은 노후를 좋은 시설의 요양원에서 보내거나, 크루즈를 타고 세계 여행을 즐기는 것이었습니다. 그런데 '코로나19' 상황을 겪으며 요양원이나 크루즈 같은 곳은 집단 감염 및 집단 사망의 위험이 있다는 것을 알게 되었습니다. 따라서 이제 노인들은 새로운 실버산업을 요구하게 될 것입니다.

교훈 1

기저질환자가 많이 사망했다!

[만성적 지병에 대한 선제적 상시적 자가 관리 욕구의 증대]

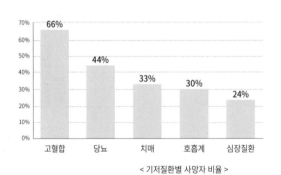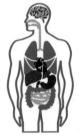

< 기저질환별 사망자 비율 >

교훈 두 번째입니다. 이번 '코로나19' 상황에서 기저질환자들이 거의 대부분 사망자의 원인을 차지했습니다. 다시 말하면 만성적 질병이

죠. 고혈압, 당뇨, 치매, 그리고 호흡계 심장질환자들이 사망자의 대부분을 차지했습니다. 따라서 어떻게 되겠습니까? 만성적 질병자들은 이번 '코로나19' 사태를 보면서 선제적이고 상시적인 자가 관리가 요구된다는 사실을 알게 되었습니다. 또 모든 사람들에게 "내가 이러한 병에 안 걸려야겠다"라는 선제적 자가관리 욕구가 강하게 생기게 된 것입니다. 이에 따라 미래의 헬스케어 산업은 새로운 수요 시장이 열리게 되었습니다.

인공지능이 자가 건강진단을 도와준다!

미래 1

자가진단 욕구를 지원하는 헬스케어 시장으로 변화한다.

어떤 기능성 식품?

어떤 웰빙푸드?

어떤 스포츠?

아픈 사람을 고쳐준다!   사람을 병원에 가지 않게 해준다!

미래 예방의학 변화의 첫 번째입니다. 미래 변화는 진단의 민주화를 통해서 '예방과 돌봄'의 새로운 헬스케어 산업이 발전하게 됩니다. 지금까지의 병원은 아픈 사람을 고쳐주는 역할을 했습니다. 다시 말하면 아픈 사람이 병원에 오게 되면 진단을 하고 그 진단 결과에 따라서 처방, 치료를 하는 프로세스로 이루어지고 있습니다. 그런데 새로운 요구가 발생했습니다. 즉, 이제 '코로나19'로 인해서 자기가 만성질환에 안 걸려야겠다, 노인들은 선제적으로 내가 면역력을 가져야겠다, 이런 욕구를 갖게 되고, 자신이 면역력이 있느냐 없느냐를 측정하고 싶어 합니다. 자신의 건강 상태에 대해 알고 싶어 하는 이런 수요가 증폭되게 됩니다. 이런 다양한 요구의 충족은 IoT(사물인터넷, Internet of Things)를 통해서 가능하게 됩니다. 즉, '아픈 사람을 고쳐주는 전통적 의사 중심의 의료시장'에서 '사람을 병원에 가지 않게 도와주는 인공지능 의사 중심의 예방' 시장의 기회의 창이 열리게 된다는 것입니다.

이 새로운 시장의 연관 산업 또한 발전하게 됩니다. 내가 기능성 음료를 먹는다든지, 아니면 병에 걸리지 않기 위해서, 또는 걸린 사람은 그것을 완화하기 위한 웰빙을 한다든지 스포츠를 한다든지, 이런 선제적인 예방활동이 더 과학적이고 합리적인 방향으로 이루어져야 한다는 것입니다.

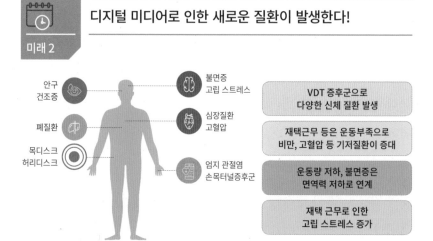

디지털 미디어로 인한 새로운 질환이 발생한다!

미래 2

안구 건조증

불면증 고립 스트레스

심장질환 고혈압

폐질환

목디스크 허리디스크

엄지 관절염 손목터널증후군

VDT 증후군으로 다양한 신체 질환 발생

재택근무 등은 운동부족으로 비만, 고혈압 등 기저질환이 증대

운동량 저하, 불면증은 면역력 저하로 연계

재택 근무로 인한 고립 스트레스 증가

미래의 예방의학 두 번째, 헬스케어 분야입니다. 디지털 미디어 소비가 많이 일어난다고 우리가 이미 앞에서 살펴봤는데요. 그렇게 되면 새로운 질환이 더 많이 발생하게 됩니다. 예를 들어 안구건조증이라든지, 손목터널증후군이라든지, 엄지관절염이라든지 이러한 새로운 형태의 VDT(Visual Display Terminal) 증후군들이 나타나게 됩니다. 두 번째는 재택근무나 이런 원격근무를 많이 하게 되면 운동부족 현상이 일어납니다. 또 앉아서 많이 먹게 됩니다. 그러다 보면 비만, 고혈압 등 기저질환이 증대됩니다. 그래서 이러한 것을 선제적으로 판단할 수 있는, 내가 관리할 수 있는 그러한 지원 도구들이 필요하게 됩니다. 또 운동량이 저하되고 불면증이 많이 일어나게 되는데, 그렇게 되면 면역력도 따라서 떨어지게 될 수밖에 없습니다. 또한 재택근무나 위성근무를 하게 되면 고립스트레스가 있습니다. 그래서 정신적으로 도움이 필요하죠. 이런 것들에 대한 새로운 헬스케어 시장이 열린다고 볼 수가 있습니다.

미래 세 번째입니다. 인공지능 기술은 헬스케어에 최우선 적용될 것으로 보입니다. 특히 원격 진료가 아닌 원격 진단이죠. 상시적이고 선제적인 진단을 도와주게 될 겁니다. 여러 가지 분야에서 도와주는 이러한 도구들이 발전을 하게 될 것입니다. 무엇보다 인공지능을 이용해서 새로운 백신을 빨리 개발한다든지, 사람의 욕구를 충족시켜 주는 것이 앞으로 많이 발전할 것으로 봅니다. 이번 '코로나19'에서 백신을 추진하고, 또 그 개발을 지원해 주는 일들이 이미 진행되고 있다는 것

다양한 AI 기술들이 건강에 적용된다.

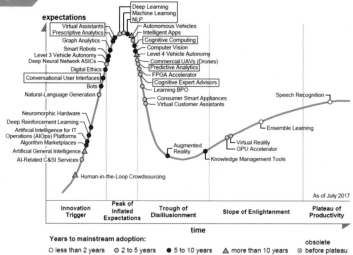

<출처: 가트너그룹, 2019 >

을 언론을 통해서 우리가 알 수 있었습니다. 또 불면증과 같은 다양한 형태의 기저질환을 미리 예방할 수 있는 인공지능 기반 IoT 도구들이 많이 증대할 것입니다.

금년도 「세스」에서 나온 불면증 치료를 도와주는 침대라든지, 아니면 헤어셋이라든지, 아니면 아기 침낭이라든지, 놀이기구라든지, 헬스케어 IoT가 결합되는 제품 시장이 발전되는 것입니다. 또한 인공지능과 결합한 IoT들에 의해서 자기 질병을 선제적으로 관리할 수 있는, 또 면역력을 높일 수 있는 인공지능 의사 중심의 예방과 돌봄이라는 새로운 헬스케어 시장이 열리게 될 것으로 판단됩니다.

미래 네 번째는 어떤 걸까요? 이제 헬스케어는 디지털 트윈으로 발전하게 될 겁니다. 한 사람의 건강을 다양한 도구로 측정하고, 병원에서도 측정하고 손목시계로도 측정하고 헤어셋으로도 측정하고, 이런 여러 가지 측정이 있지 않습니까. 이것을 종합적으로 관리해 주는 이러한 새로운 플랫폼형 서비스도 등장을 하게 될 것입니다. 이런 디지털 트윈은 개인뿐만이 아니고 패밀리를 묶어주는 디지털 트윈으로 발전할 것으로 보입니다. 왜냐하면 예방의학에서 제일 중요한 것이 섭생이기 때문입니다. 다양한 음식을 잘 섭생해야 하는데, 그렇게 되면 가족의 식사 방법도 달라지게 될 것입니다. 그래서 이러한 것들을 지원해 주는 다양한 플랫폼들이 더 발전할 것으로 보입니다.

글로벌 헬스케어 시장은 급격하게 성장할 것

미래 4

> 2022년에 $10.059 trillion(10조 = 1경2000조 원)의 시장을 형성할 것
> 진단과 치료에서 예방과 돌봄 비즈니스가 대세로 성장

▶ 개인화된 헬스케어 제품들의 출현
▶ 급진적인 관련 기술의 발전
▶ 파괴적인 경쟁자들의 출현
▶ 확장되는 헬스케어 서비스 방식
▶ 금융 결제 모델들과 융복합

　이러한 욕구에 의해서, 이러한 필요성에 의해서 글로벌 헬스케어 시장은 급격하게 성장할 수밖에 없습니다. 그중에 진단과 치료에서 예방

과 돌봄이라는 비즈니스가 우세하게 자리 잡게 될 것입니다. 그래서 개인화된 헬스케어 제품들이 출현하고, 급진적인, 이런 인공지능이나 관련 기술들이 또 IoT 기술들과 복합돼서 발전되고, 파괴적인 비즈니스 모델들이 출현할 것으로 예상이 됩니다.

이러한 가상 건강의 비즈니스 모델들은 이제 상시점검과 예방 가이드를 제공해 주고, 또 가난한 사람들에게도 싼 값으로 자기 건강을 유지시켜 주는 방법이 나와 저소득층의 건강 격차를 해소해 줄 것입니다. IoT 기기들이 서로 간에 통합 관리해 줄 수 있고, 건강 데이터를 신속하게 활용할 수 있는 이러한 세계로의 발전을 통해서 인간 수명이 0.5년 이상 더 증대될 것으로 보고 있습니다.

혁신을 가로막는 대한민국 원격 의료 규제

미래 5

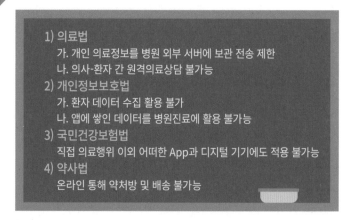

1) 의료법
   가. 개인 의료정보를 병원 외부 서버에 보관 전송 제한
   나. 의사-환자 간 원격의료상담 불가능
2) 개인정보보호법
   가. 환자 데이터 수집 활용 불가
   나. 앱에 쌓인 데이터를 병원진료에 활용 불가능
3) 국민건강보험법
   직접 의료행위 이외 어떠한 App과 디지털 기기에도 적용 불가능
4) 약사법
   온라인 통해 약처방 및 배송 불가능

그런데 우리나라는 어떻습니까. 원격 진료, 안 되고 있죠? 2012년에 영국이 열었고, 2014년에 싱가포르에 열려서 그 이후에 말레이시아라

든지 중국까지 다 원격진료가 가능하도록 규제를 혁신하였습니다. 그런데 우리는 십수 년째 여러 가지 이유로 이러한 규제를 혁파하지 못하고 있습니다. 때문에 다양한 규제로 인하여 미래 산업인 헬스케어 시장이 열리지 못한다는 불만이 많이 있습니다. 최근 정부가 이를 해결하겠다고 나서고 있습니다. 그런데 이것이 과연 한순간에 풀릴까요? 위에서 열거한 법률을 개정하고, 이해관계자인 의사들을 설득하는 것은 정말 어려울 것입니다. 이미 우리는 공유경제 자동차와 '타다'의 일자리 분쟁에서 이것이 얼마나 시간이 걸리는가를 익히 봐 왔습니다. 그런데 필자가 제시한 예방과 돌봄의 헬스케어 시장의 주도권은 시간을 다투는 싸움입니다. 그래서 제가 이것에 대한 제안을 드리고자 합니다. 원격 진료 시장은 의사와 병원이 충돌하는 시장입니다. 다시 말하면 아픈 사람을 고쳐주는 시장입니다. 그런데 '코로나19' 이후에 어떤 욕구가 나온다고 그랬죠? 원격진료는 아픈 사람을 고쳐주는 것이 아니고 사람을 병원에 안 가게 해 주는 산업입니다. 다시 말해서 원격 진료에 너무 매달리다 보면 일자리 충돌로 인해서 이러한 새로운 기회를 놓치게 됩니다. 그래서 우리는 우리의 실정에 맞게 시장을 개척해야 합니다. 즉, 원격 진료 말고 예방과 돌봄의 웰빙케어 시장을 열어야 합니다. 다시 말하면 기존의 의사들이 현재 인력으로는 해결해 주지 못하는 IoT 기반 인공지능 의사 중심의 예방과 돌봄 시장을 열고 이를 활성화시킨 다음, 데이터를 원격 진단까지 연결하는 분야부터 우선 열어야 합니다. 그래서 이러한 새로운 수요에 우리 젊은이들과 젊은 의사들이 함께 뭉쳐서 세계로 나가는 길을 열어야 합니다. 이것이 신산업을 잡는 방법이 되겠습니다.

'예방의학의 부상'으로 보는 미래 유레카

첫 번째이죠. '코로나19'는 노인 또는 기저질환자들의 사망으로 인해서 '아, 질병을 상시적으로 예방해야 되겠구나, 나의 면역력을 계속적으로 높여야겠구나'라는 욕구를 증대시켰습니다.

두 번째, 비접촉 문화, 언택트 문화는 앞으로 VDT증후군, 또는 비만, 당뇨 등 직업병을 더 확산시킬 것입니다. 이런 새로운 질병에 대한 예방도 필요하게 되었습니다.

세 번째, 이제 인공지능을 기반으로 해서 예방의학이 널리 퍼지게 될 것입니다. 또 증폭되는 헬스케어 미래 시장에 대한 준비를 해야 합니다.

우리는 지금까지 8개의 '코로나19' 이후의 변화를 살펴봤습니다. 여기에서 예측한 것처럼 진행될 것도 있고 약간 오류가 있는 것도 있겠습니다만, 중요한 점은 비욘드 '코로나19', '코로나19'가 끝난 이후에 나타나는 변화를 세계에서 제일 먼저 딛고 일어나면 새로운 기회를 얻을 수 있다는 것입니다. 우리나라 국민들이, 기업들이 이 기회를 잡아서 더 부강한 대한민국을 만드는 데 이번 강의가 기여를 했으면 하는 바람입니다.

동영상 강의
https://www.youtube.com/watch?v=DMnWWeVdeL8&t=517s

디지털 서비스 사례

디지털 스토어, 알리바바의 '허마셴성'

알리바바의 '허마셴성'

얼마 전 알리바바가 식품유통에 뛰어들었습니다. '허마셴성'이라는 업체에 투자해서 지금 확산을 시키고 있습니다. 알리바바가 유통에 혁신을 일으킨 이야기를 가지고 오늘 이 시간을 함께하도록 하겠습니다.

교훈 1

Alibaba의 인공지능 무인 점포, Tao Cafe

▶ 고객 자동 인식, 상점 내 고객 위치 인식
▶ 계산대 없이 구매 물품을 인식하고, Alipay로 자동 계산
▶ 점주에게 고객이 좋아하는 상품의 재배치를 제안
▶ 기존 점포 운영 비용을 80%까지 절감

여러분, 2017년 7월에 알리바바가 편의점 '타오카페'를 열었다는 소식은 많이 알려진 사실입니다. 바로 '아마존 고'(Amazon Go)와 같은 형태로 2016년에 오픈한 것입니다. 둘 다 같은 기능을 하는 편의점입니다. '타오카페' 편의점은 개별 고객이 구매한 물품을 인공지능이 자동 인식하고 계산대 없이 알리페이로 자동 계산할 수 있는 이런 식으로 운영됩니다.

또한 AI가 점주에게 고객들이 선호하지 않는 상품의 재배치를 제안하는 것은 물론이고, 기존 점포 운영비용을 80%까지 절감을 합니다. 이 편의점은 지금 테스트 중에 있으나 다음에 이것이 널리 확장하게 된다면 굉장히 큰 변혁을 유통업계에 일으킬 것으로 보입니다. 여기에 추가하여 알리바바는 미래 신개념의 '오프+온' 결합형 '허마센셩'이라는 점포를 개설하여 유통업계에 엄청난 반향을 일으켰습니다. 이에 대해 알아보도록 하겠습니다.

이 신선식품 전문 매장은 2015년에 호우이라는 스타트업이 만든 겁니다. 이 전문매장을 보고 알리바바 마윈 회장은 "야, 이게 내가 생각하는 새로운 유통이야. 투자하자." 해서 대규모 전략적인 투자를 해서 지금은 알리바바가 함께하고 있습니다.

알리바바의 마윈 회장이 얘기하는 신유통은 바로 4차 산업혁명 시대의 유통입니다. 디지털 커머스가 되겠죠. 이건 뭘까요? 지금까지 했던 전자상거래 자체를 이제는 안 하겠다는 겁니다. 그걸 2016년 10월 8일에 선언했습니다. 앞으로는 실제 실체와 함께 움직이는 전자상거래를 하겠다는 것이었죠. 이것이 바로 신유통입니다. 마윈회장은 신유통을 다음과 같이 정의했습니다. "新유통이란? 오프라인의 고객 체험 공간 제공과 물류, 온라인 서비스와 구매를 융합한 형태로 온·오프라인의 구분이 없어지는 것이다." 즉 오프라인이 온라인 상점이고 거기에 인공지능을 결합하는 새로운 유통 방식을 구현하고자 하는 것입니다. 이 선언 이후 알리바바의 마윈 회장은 오프라인에 온라인을 결합하고 인공지능이 운영하는 '돼지농장', '편의점' 등의 신사업에 진출하고 있습니다.

그러면 이 신선식품 전문매장인 '허마셴셩'의 동영상을 먼저 보시고 여기에서 우리가 배워야 할 점을 잠깐 설명해 드리도록 하겠습니다. 이 부분은 본 장의 QR코트를 스캔하시면 볼 수 있습니다.

교훈 2

허마셴셩(盒므므鮮生) 혁신 #1

▶ 매장 = 판매, 전시, 창고, 배달 센터
▶ 3km 내 지역에 30분 내 배달

< 주문이 오면 매장에서 물건을 패킹 >

< 패킹된 것을 천장을 통해 빠른 배송 >

허마셴성은 창고가 따로 없는 상점으로, 그 자체가 창고이며 배송센터입니다. 온라인으로 주문하면 30분 내에 배달이 됩니다. 요즘 우리나라 동네 슈퍼마켓이 매장에서 고른 물건을 배달까지 해주듯이, 종업원들은 빠른 배송을 위해 직접 상점 선반에서 상품을 쇼핑백에 넣고 천장의 컨베이어 밸트를 이용하여 연결합니다. 고객들은 신선한 해물을 상점 내에서 먹을 수도 있고, 집으로 배달을 받을 수도 있습니다. 모든 제품에 대해 QR코드와 BAR코드를 스캔해서 정보를 얻을 수 있습니다. 고객들은 스마트폰 또는 안면인식을 통하여 알리페이[1]로 결제합니다. 알리바바가 소유한 이 회사는 현재 중국 내에 20개 정도의 점포가 있습니다.

알리바바 마윈 회장은 "허마셴성은 슈퍼마켓도 아니고 음식점도 아니다. 이것은 신유통의 새로운 생태계이다. 허마셴성의 경쟁자는 주변의 유통점이 아니다. 우리의 경쟁상대는 집 안에 있는 냉장고이다."라고 하였습니다. 이것이 바로 "오프+온+AI"를 결합한 디지털 유통의 기본 개념입니다.

동영상을 보셨나요? 바로 앞의 제8강에서 강의한 내용이 그대로 실천되는 모습니다. 여기서 첫 번째 혁신의 포인트는, 매장이 판매장소이고 전시장이고 창고이고 배달 센터라는 이야기입니다. 따로 창고를 갖

---

1) 모바일 및 온라인 지급 플랫폼.―필자.

지 않고요 매장에 나오지 않고 집에서 온라인으로 고객이 주문을 하면, 직원이 직접 현장에 있는 제품의 바코드를 찍은 후 패킹을 해서 천장에 달린 배달 가방에 넣으면, 그 팩이 고객에게 전달되는 것이죠. 3km 이내 지역에 30분 내에 배달되는 도미노 피자 같습니다. 그렇게 배달해 주는 업체인 것입니다.

두 번째는, 이 상점 안에서는 카트가 없어도 된다는 겁니다. 물론 원한다면 카트를 이용할 수 있지만, 카트를 안 몰고 모바일로 바코드를 찍고 선택만 하면 자동으로 결제가 되고 밖에 나가서 기다리면 그게 패킹돼서 나온다는 겁니다. 구매자가 일일이 카트에 집어넣을 필요가 없다는 것입니다. 또 하나의 특이점은 이 안에서 신선식품을 바로바로 조리해 달라고 해서 먹을 수도 있다는 것입니다. 이러한 복합적인 새로운 개념의 신선식품 매장이라고 볼 수가 있습니다.

두 번째 특징은 고객들이 바코드로 해당되는 물건을 찍고 정보를 얻는다는 것입니다. 지금 우리는 어떻게 하나요? 상품의 바코드를 판매하는 사람이 찍으면 이게 얼마인지가 나옵니다. 우리는 바코드를 계산용으로만 쓰고 있다는 겁니다. 그런데 이 '허마셴셩' 상점에서는 바코드 또는 QR코드를 찍으면 다양한 상품 정보가 고객한테 제공됩니다. 신선식품이면 뭐가 되겠습니까? 이 물고기는 어떻게 조리해 먹으면 되고, 이거는 어디에서 나온 거고, 하는 여러 가지 사항이 나올 수 있기 때문에, 여기에서 고객이 좋은 정보를 가지고 물건을 구매할

허마셴셩(盒马马鲜生)의 혁신 #2

교훈 3

QR, Bar코드를 모바일로 찍으면
1. 다양한 상품정보 제공
2. 모바일 장바구니에 담아 주문하고 결제하면 현장에서 포장 제공

수 있다는 겁니다. 이게 바로 바코드와 QR코드 사용의 혁신을 가져온 것입니다.

여러분 아시나요? 중국에서는 QR코드가 엄청나게 쓰이고 있습니다. 중국에 가면, 담벼락에 여러 개의 QR코드가 붙어 있고, 청년들이 이를 찍고 있는 모습을 볼 수 있습니다. 이건 구인을 하는 회사들의 QR코드입니다. 이렇게 종업원을 원하는 회사와 구직자를 연결하는 데에도 QR코드가 활용되고 있습니다.

실제 조사 결과에 의하면 전 세계에서 중국은 QR코드 사용률이 세계 1위입니다. 여기 그림을 보십시오. 각 퍼센트가 있는데 중국이 얼마나 많이 사용하고 있는지를 알 수가 있습니다. 중국에 가시면 군고구마 아저씨도 QR코드를 쓰고 있습니다. 정말 놀라운 것은 거지도 QR코드를 들고 다닙니다. 즉, "QR코드를 찍어서 알리페이를 주세요." 그

러죠. 현금을 안 받고 알리페이로 받는다, 이럴 정도로 QR코드가 많이 쓰이고 있다는 것입니다.

허마셴셩(盒马马鲜生)의 혁신 #3

교훈 4

1. 현금은 안 되고, 알리페이만 사용하는 회원제
2. 안면 인식, 모바일 등 다양한 방식의 결제 가능

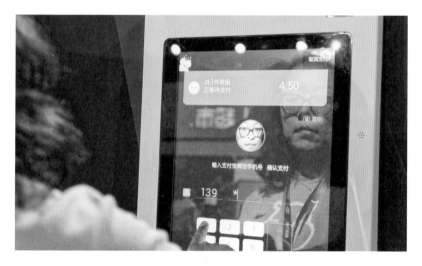

또 하나의 특징은 '허마셴셩'은 현금을 받지 않는다는 것입니다. 카드도 안 됩니다. 오로지 알리페이만 되는 회원제로 구성되어 있습니다. 현재 알리페이는 중국에서 보편적으로 현금처럼 쓰이고 있습니다. 지불방법은 모바일로 자기가 지불하든지 아니면 지금 사진에서 보는 것처럼 인식기에 가서 서 있으면 얼굴을 인식해서 자동적으로 회원번호를 인증하고 거기에 자기 인증코드를 넣으면 알리페이로 계산이 되는, 이러한 철저한 모바일 페이먼트로 운영되는 특성을 갖고 있다는 걸 알 수 있습니다.

앞으로 '허마셴셩'은 어떻게 될까요? 알리바바의 투자로 지금 엄청나게 성장 중에 있습니다. 현재 벌써 13개 매장을 운영 중에 있습니다. 베이징에만 20개의 매장을 만들 계획이 있고, 1년 이내에 중국 내에 2천 개 매장을 오픈할 계획을 가지고 있습니다. 그럼 알리바바 그룹은 전자상거래 업체에서 신유통, 다시 말해서 디지털 유통으로 이제 변모를 했습니다. 이게 4차 산업혁명의 알리바바의 변화 모습이라고 볼 수가 있습니다.

알리바바의 허마셴셩 유레카

다시 한 번 살펴보도록 하겠습니다.

첫 번째, 유통은 디지털 스토어로 재생성 되어서 엄청나게 빠르게 변화하고 있다는 것입니다. 세 가지 추세가 있습니다. 하나는 유통에 인공지능이 들어가서 무인점포가 운영되기 시작했습니다. '아마존 고', 알리바바의 '타오카페' 이런 게 대표적인 사례라고 볼 수가 있습니다. 두 번째는 지금 살펴보셨던 '허마셴셩'처럼 물류와 점포의 혁신, 물류와 정보의 혁신, 이런 것들이 뭉쳐져서 새로운 유통점을 만들어 가고 있는 모습을 볼 수가 있습니다.

두 번째로 우리가 느낀 건 '아, 바코드와 QR코드를 좀 다르게 써야 되겠구나!'라는 생각입니다. 바코드를 계산용으로만 쓰는 게 아니고 고객에게 다양한 정보를 유통해 주고, 고객과 소통할 수 있는 새로운 도구로 사용해야 합니다. QR코드도 마찬가지입니다. 그래서 우리가 좀 다른 측면으로 고객에게 더 많은 만족을 줄 수 있는 사용법으로 쓸 수가 있다는 걸 알 수 있었습니다.

교훈 5 바코드를 찍으면 모국어로 상품정보를 제공하고 친구에게 즉시 공유할 수 있는 일본의 사례

세 번째는 이제 식품 산업은 완전하게 새로운 변화의 전기를 맞는다는 것입니다. 그 두 가지를 필자가 말씀드리자면, 첫 번째는 'Farm2Family'로 생태계가 혁신됩니다. 농작물을 지어서 그리고 그것을 수확하여 포장해서 유통을 통해서 가정에 배달되는 것까지가 'Farm2Family'입니다. 이게 이제는 식품을 만들어서 판다는 개념이 아니고, 가정의 건강을, 개별 가정의 식구들의 건강을 증진시켜 줄 수 있는 생태계로의 혁신, 이게 새로운 방향이라고 보시면 되겠습니다. 거기에 맞춰서 3D프린터, 인공지능, 모바일, 소셜미디어, 이런 3차 산업혁명 기술과 4차 산업혁명 기술이 어우러진 새로운 유통, 이 유통을 알리바바의 마윈 회장은 '신유통' 이렇게 부르고 있고, 4차 산업혁명에서는 '디지털 커머스' 이렇게 부르고 있습니다.

세상은 이러한 유통구조로 변화를 하고 있다. 이것이 바로 알리바바의 허마셴셩으로 본 유레카였습니다.

동영상 강의
https://www.youtube.com/watch?v=IlJcVyzXTnY&t=186s

디지털 예방의학 사례
꿀잠 테크가 돈을 만든다!

디지털 예방의학

앞의 제8강에서 이야기했던 '디지털 예방의학 산업의 부상'에 대하여 실제적 사례를 들어 이야기하는 시간을 갖도록 하겠습니다. 언론에서 보셔서 아시겠지만, 금년 1월 7일부터 10일까지 미국 라스베이거스에서 'CES 2020'이 열렸습니다. 제6강 각주 3에 나오는 세계 최대 규모의 정보 통신 전시회를 말합니다. "과연 이런 게 가전제품이야?" 하고 놀랄 정도의 새롭고 다양한 제품들이 대거 출시가 되었습니다. 예를 들어서, 삼성의 사람을 따라다니는 '볼리'라는 공 로봇, 또 현대자동차의 하늘을 나는 자동차의 콘셉트 카, 뿐만 아니고 건강을 측정해 주는 신발, 치아 상태의 건강을 측정해 주는 칫솔 등등.

그중에서 상당히 우리의 눈길을 끄는 제품군들이 있었습니다. 이름하여 '슬립 테크(sleep tech)'라는 것들이 'CES 2020'에서 대거 등장을 했습니다. 잠을 못 자면 다음 날 생활이 괴롭고, 각종 사고의 원흉

선진국 병, 수면 테크 시장규모

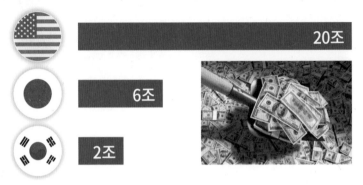

20조

6조

2조

이 되지요. 잠을 방해하는 가장 큰 원인은 두 가지가 있죠. 하나는 불면증, 또 하나는 코골이입니다. 슬립 테크는 이 두 가지 증세를 기본으로 해서 시장이 형성되고 있고, 이번에 이것을 해결해 주는, 새로운 디지털 기술과의 복합형 제품과 기기들이 대거 출시가 된 것입니다.

먼저 불면증, 현대인의 병이라고 하죠. 육체노동에서 정신노동으로 변화되면서 사람들의 불면증이 더 심해지고 있고, 또 새로운 전자기기들을 활용하면서 그런 새로운 전자파장들에 의해서 잠을 설치는 사람이 늘어나고 있습니다. 최근 「건강보험심사평가원」에 의하면 우리나라 국민의 100명 중의 1명이 이러한 증세를 앓고 있습니다. 지난 5년간 50%나 증가했다고 합니다.

두 번째는 코골이죠. 코골이는 선잠을 자게 하는 것뿐만 아니고, 같이 자는 사람의 잠도 설치게 한다는 이런 영향을 주고 있는 병이죠.

저도 물론 코를 골고 있습니다. 우리나라에 코를 고는 사람은 51만 명에 달하고 있고요, 지난 5년간 30%가 증가했다는 기록이 있습니다.

이러한 선진국 병, 다시 말하면 불면증과 코골이, 이것을 기술적으로 결합해서 해결해 주자는 게 바로 '수면 테크'입니다. 이 수면 테크의 시장 규모는 선진국에서 말할 수 없이 크게 형성되고 있습니다. 미국은 약 20조 시장을 가지고 있고, 일본은 6조, 우리나라는 2조의 시장 규모를 가지고 있습니다. 그런데 이 시장은 매년 15%씩 성장하는 가파른 성장세를 갖는 시장이기 때문에 많은 사람들이 여기에 새로운 제품으로 진출하려는 의도를 가지고 있습니다.

2019년 시장 조사 및 분석 컨설팅업체인 「프로스트 앤 설리반」(Frost & Sullivan)의 분석에 의하면 미국의 수면 무호흡증 환자는 전체 성인의 12%를 차지하고 그 숫자는 약 2,400만여 명이 넘는다고 합니다. 이런 미국 수면 무호흡증 환자의 시장은 연간 경제적 효과가 약 150조 원에 달한다는 이야기입니다. 실제 시장규모는 20조이지만, 그것보다 훨씬 높은 경제적 부담을 갖는 시장임을 알 수 있습니다. 왜 그럴까요? 수면 무호흡증에 의해서 잠을 설치게 되기 때문에 그 피곤함으로 인해서 작업장의 생산성이 손실됩니다. 또 자동차 사고도 일어납니다. 직장 내의 안전사고들의 직접적인 원인이 바로 이러한 선잠이라는 사실입니다. 또 개인적으로는 고혈압, 심장, 당뇨, 또 우울증, 이런 것까지 오기 때문에 굉장히 큰 경제적 지장이 있다는 겁니다.

이번 슬립 테크의 가장 큰 특징은 센서와 인공지능을 결합해서 개개인의 잠에 관한 데이터를 인공지능이 알고리즘으로 해석을 해서 개인에 맞는 최적화된 잠을 이룰 수 있도록 만들어 준다는 데 있습니다.

CES 2020 SleepTech – Smart Bed

교훈 2

개인 신체의 수면 주기를 분석하여 이상적인 수면 조건에 맞게
실내 조명, 침대 온도를 냉각하고 상승하는 균형을 유지

360 Smart Bed ($8,000)

The Dux bed with Alexa ($5,000)

그 침대들 중에 두 가지 제품을 살펴보면, '360 스마트 베드'라는 제품이 있습니다. 그리고 '덕스 베드'라는 제품 또한 대표적인 혁신적 제품입니다. 이 제품들은 개인 신체의 수면 주기를 계속적으로 센서를 통해 분석해서 가장 최적으로 잘 수 있도록 실내조명을 조절해 주고, 또 침대 온도를 냉각시켜 주고 상승시켜주며 이러한 균형을 유지해 줍니다. 또 다양한 실내 기기와 연동해서 잠을 잘 이룰 수 있게 도와주고 또 깨워주는 이러한 제품군들입니다.

두 번째 제품을 보도록 하겠습니다. 코골이죠. 인간이 자면서 보통 3,200번의 코를 골게 된다고 합니다. 그건 240번 정도 깬 것과 같다고 합니다. 그래서 잠을 잤는데도 무호흡증 환자들은 아침에 피곤한 거

CES 2020 SleepTech – Motion Pillow($380)

죠. 이것들을 어떻게 해결할 수 있을까요. 바로 수면기반 과학을 사용해서 코골이를 방지해 주는 것입니다. 잠자는 동안 사람의 머리 위치와 호흡 패턴이 어떻게 상관관계가 있는지를 센서에 의해서 인공지능이 분석하게 됩니다. 그래서 개인이 코를 골게 될 때 그 습관과 패턴을 분석해서 베개에 내장돼 있는 에어백을 이용하여 베개의 높낮이를 조절해 머리 위치를 변화시켜 주는 방법입니다. 그렇게 되면 코를 통한 공기 흐름이 개선되기 때문에 코골이가 줄어드는 것으로 수면기반 과학의 방식을 이용해서 만들어진 베개입니다.

상당히 놀랍죠? 유용하기도 할 것이라고 판단됩니다. 이것은 380불정도에 판매될 것으로 예상되고 있습니다.

CES 2020 SleepTech – 불면증(Insomnia)

뇌의 활동 패턴을 분석하여 온도 조절 지능형 알고리즘으로 뇌파 및 온도를 조절하여 뇌 활동을 줄여서 잠이 들게 한다.

Muse S Headband ($350)

SmartSleep Headband ($400)

현대인 병이죠. 바로 불면증. 우리가 '인섬니아'(Insomnia)라고도 하는 건데요. 사람들이 잠을 못 자게 됩니다. 그 이유는 뭘까요? 뇌파가 일정하지 않기 때문입니다. 그래서 개인별로 서로 다른 패턴을 분석해서 알고리즘이 이걸 이해하게 되면 사람에게 잠을 잘 수 있는 뇌파를 흘려주거나 아니면 뇌의 온도를 조절해 줘서 뇌 활동을 줄여주고 그렇게 함으로써 불면증 환자들이 잠을 자게 하는 이러한 원리의 제품들이 많이 나왔습니다. 아마 사람들이 잠을 깊이 자게 되면 평균수명도 늘어나게 될 것입니다.

이러한 제품들은 거의 대부분 헤어밴드 형태로 나왔습니다. '뮤즈 S'라든지 아니면 '스마트 슬립 헤드밴드'와 같은 것들이 대표적인 케이스라고 볼 수 있습니다. 가격은 약 400불 정도에 팔리고 있습니다.

CES 2020 SleepTech : 아기 재우기

교훈 5

아기를 재우는 Nanit 아기 침낭

아기와 놀아주는 mamaRoo Swing

이러한 코골이와 불면증 시장뿐만 아니고, 새롭게 각광을 받고 있는 시장이 바로 베이비 슬립 시장입니다. 아이들이 잠을 잘 자게 하는 시장. 부모로서는 반가운 제품이 아닐 수 없습니다. 밤에 칭얼거리고 이것저것 달래고 하다 보면 잠을 거의 자지 못하는 부모들이 많지 않습니까. 여기에 관련된 시장이 또 각광을 받고 있는 겁니다.

그중에 '나니트 아기 침낭'도 있습니다. 이 침낭은 아기들이 그 안에서 잠을 자게 되면 잠을 자는 패턴을 분석하고 호흡 동작을 체크해서 건강을 실시간으로 추적하여 잠을 잘 자게 하는 효과뿐만이 아니고 건강까지 점검해 주는 새로운 제품이라고 볼 수가 있습니다. 당연히 모바일 앱과 연동이 돼 있으며 이 침낭은 100% 면이고 세탁기로 빨 수도 있고, 3개월에서 24개월 사이의 아이를 위해서 세 가지 크기로 제공되고 있습니다. 가격도 40불 이내에 저렴한 가격대로 형성이 되고 있습니다.

또 우리가 눈여겨볼 제품은 '마마로 스윙'이라는 건데요. 우리나라에도 판매가 되고 있습니다. 한 28만 원 정도에 판매되고 있는데요. 이것이 인공지능과 결합하면서 한층 업그레이드된 모습으로 이번 'CES 2020'에 나오게 됐습니다. 이 제품은 자동차 타기, 파도, 캥거루, 나무 그네, 이런 여러 가지 기능과 다섯 가지 옵션을 가지고 있습니다. '4mom' 앱이라는 것으로 모든 기능을 제어할 수 있는데, 아이들의 행동방식과 건강, 이런 것들을 인공지능과 함께 체크해서 아이를 더 건강하게 키우고 아이가 더 잘 놀 수 있으면서 잠을 잘 수 있도록 이렇게 만들어 주는 제품으로 발전되고 있습니다.

'슬립 테크'로 보는 미래 유레카

세 가지 다시 살펴보도록 하겠습니다.

첫 번째, 슬립 테크는 선진국형 미래 산업입니다. 주로 중진국 이상에서 시장이 형성되고 발전하고 있다는 이야기입니다. 즉, 꿀잠이 돈이 되는, 잠에 디지털 기술과 인공지능이 결합되는 새로운 산업이 형성되고 있는 겁니다.

두 번째, 무호흡증과 불면증, 그리고 아기를 중심으로 한 시장이 성장하고 있습니다. 이 시장은 매년 15%씩 성장하며 대규모 시장으로 발전하고 있습니다. 이는 단순한 시장의 형성뿐만이 아니고, 개인의 건강, 그리고 경제적 손실, 이런 것들을 전부 극복시켜줄 수 있는 새로운 대안으로 마련되기 때문에 앞으로 시장은 더욱 활성화되고 발전될 것으로 예상이 되고 있습니다.

세 번째, 이제 이것은 새로운 시장입니다. 우리나라의 젊은 기술인과 의료진들이 결합해서 이 시장에 도전을 하게 되면, 우리가 특유의 창조력과 상상력을 기반으로 새로운 시장의 선두주자가 될 수 있다는 이야기입니다. 그래서 우리의 많은 젊은이들도 이번 'CES 2020'에 이러한 기술을 시도하고, 또 도전을 했습니다.

그런데 이런 시장이 국내에서 발전이 돼서 글로벌하게 진출할 수 있으려면, 우리나라 시장이 가지고 있는 문제, 즉 원격진료 등의 의료 규제와 제도, 이런 것들을 조속히 해결해 줘야 하는 문제가 있습니다. 정부와 국민 그리고 관련 산업에 종사하는 사람들이 모두 열린 마음을 가지고 세계를 향해서 새로운 '슬립 테크'에 도전한다면 이 또한 우리나라의 발전에 큰 도움이 될 수 있다고 저는 생각합니다.

동영상 강의
https://www.youtube.com/watch?v=7SxTmla1zr0&t=48s

제2부

AI와 5G가 여는
새로운 세상

3차 산업혁명과 4차 산업혁명 무엇이 다른가?

정보화 시대와 디지털화 시대의 차이

 3차와 4차 산업혁명의 표현의 차이

산업혁명 분류	물결 표현	담론적 표현	사회적 표현	핵심 자산	핵심 기술
3차 산업혁명	제3의 물결	정보화 (Informatization)	지식기반 사회	정보와 지식의 무형자산	컴퓨터, 초고속 통신망, 모바일, 클라우드 등
4차 산업혁명	제4의 물결	디지털화 (Digitalization)	지능기반 사회	물체와 가상과 지능의 결합	인공지능, 5G, 증강현실, 3DP 등

    선사시대 이래로 국가나 지식을 가진 사람이 경쟁우위를 통해 패권을 잡았습니다. 지식의 힘(Knowledge Power)은 5가지 부분적 힘의 합과 같은데, 수집력, 분석력, 축적력, 전달력, 활용력으로 세분할 수 있습니다. 조선시대에 우리나라는 중국 사신을 통해 새로운 사상과 문화를 수집하고, 집현전에서 그것을 분석하여 우리 실정에 맞게 인수

분해를 하였으며, 규장각에 축적하고, 파발제도를 통해 정보를 전달하는 지식의 힘에 기반하여 통치하는 국가 인프라를 활용하는 체제를 만들었습니다. 정보화시대에 우리는 인터넷으로 클릭(click)하고 스마트폰을 터치(touch)하면 정보를 수집할 수 있으며, 엑셀로 데이터를 쉽게 분석하고, 컴퓨터에 엄청난 빅데이터를 저장하고 있으며, 초고속 통신망과 인공위성을 통해 빛의 속도로 전달하는 국가 인프라를 구축한 것도 이러한 연유입니다.

3차 산업혁명과 4차 산업혁명의 차이는 인간의 지능발전과 연계해 생각해보면 간단히 이해할 수 있습니다. 인간의 지능은 '인간 자신의 뇌(1차원 지능)'에서 '보조적 뇌인 컴퓨터(2차원 지능)' 활용으로 변화하였고, 4차 산업혁명 시대에 '독립적 뇌인 인공지능(3차원 지능)'으로 발전된 것입니다.

정보화 시대라는 건 데이터를 기반으로 해서 온라인과 컴퓨터를 잘 다루던 사람들의 세상입니다. 바로 우리가 ICBM이라고 하는 IoT, 클라우드, 빅데이터, 모바일, 이런 것들을 잘 다루던 사람들이죠. 대표적으로 아마존, 네이버, 카카오톡, 구글, 이런 온라인을 기반으로 한 사업자들이 거의 주류를 이루었던 것이 3차 산업혁명 시대입니다. 일반적인 제조업이나 의류산업, 병원 등은 내부 운영이나 고객 서비스를 위해서 이것을 사용했던 것이 사실입니다. 다시 말하면 온라인을 이용했지, 실질적인 오프라인을 바꾸지는 않았습니다.

3차와 4차 산업혁명의 핵심 기술의 차이

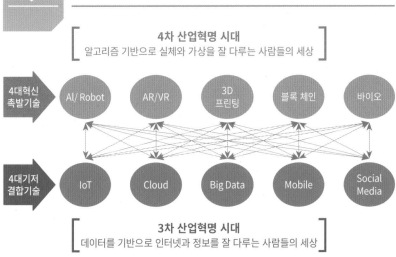

4차 산업혁명 시대
알고리즘 기반으로 실체와 가상을 잘 다루는 사람들의 세상

4대혁신
촉발기술

| AI/ Robot | AR/VR | 3D 프린팅 | 블록 체인 | 바이오 |

4대기저
결합기술

| IoT | Cloud | Big Data | Mobile | Social Media |

3차 산업혁명 시대
데이터를 기반으로 인터넷과 정보를 잘 다루는 사람들의 세상

그러면 4차 산업혁명은 어떻게 다르냐. 3차 산업혁명이 데이터와 온라인을 기반으로 하는 데 반해서 4차 산업혁명은 알고리즘 기반으로 실체에 가상을 섞는 것으로 이것이 중요한 것입니다. 온라인이 중심이 아니고 실체가 중심이라는 게 차이가 있습니다. 바로 실체라고 할 수 있는 장소, 사물, 이런 것들에 AI, 로봇, AR/VR 이런 것들을 활용해서 변화를 주는 것입니다. 또 제조하는 방식에 있어서도 3D 프린터와 같은 새로운 방식을 사용합니다. 이와 같이 이 알고리즘을 기반으로 한 실체와 가상을 잘 다루는 사람들이 세상을 만들어 가고 있습니다. 4차 산업혁명 시대는 인간의 힘으로는 처리할 수 없는 엄청난 사물인터넷 센서 데이터를 수집하고, 이것을 스스로 분석하고 행동까지 하는 별개의 지능을 사용하게 될 것입니다. 이러한 인공지능은 제품, 장

소, 로봇과 결합되어 인간을 대신하여 활동하게 될 것입니다. 3차 산업혁명이 데이터와 온라인을 기반으로 하는 데 반해서 4차 산업혁명은 알고리즘 기반으로 실체에 가상을 섞는 것으로 이것이 중요한 차이라는 것을 꼭 기억하셔야 합니다.

4차 산업혁명을 대표하는 몇 개의 실제 예를 살펴보자.

사례1: 제품과 결합한 사물인터넷 기반 인공지능의 예

백화점, 버스, 지하철 역사 안에서 광고 영상을 보여주는 디지털 디스플레이(digital display)를 흔히 볼 수 있지요. 또한 자동차를 타고 다니다 보면 건물 옥상의 옥외 광고판도 보았을 것입니다. 이것들은 사람들에게 미리 정해진 광고를 단순히 순서대로 '보여주는' 정보 매체입니다. 최근 한 걸음 더 나아가 터치 패널 등의 인터렉티브한 소통체계를 갖춘 매체로 발전하고 있지요. 그러나 이것은 인간에게 정보를 수집하여 분석하고 전달하는 정보화시대의 제품일 뿐입니다.

2002년에 스티븐 스필버그가 감독하고 톰 크루즈(수사반장 앤더튼 배역)가 주연을 맡은 영화 「마이너리티 리포트(Minority Report)」를 기억하시나요? 이 영화에는 알지도 못하는 '크로우'라는 사람을 죽인다는 누명을 쓴 앤더튼이 자신의 결백을 증명하기 위해 자신의 미래 살인을 추적하면서 한 쇼핑몰에 들어가는 장면이 나옵니다. 이 쇼핑몰에서 앤더튼의 홍채를 인식한 홀로그램들이 "안녕 미스터 앤더튼,

지난번에 구입하신 우리 향수는 좋았습니까? 이번에 당신을 위해 특별한 할인 프로모션이 있으니 매장을 방문하세요"라고 말합니다.

홀로그램과 인공지능이 결합하여 개별 고객을 인지하고 그 사람만을 위한 마케팅을 하는 것입니다.

이제 영화 속의 상상이 현실화 되었죠. 이 디스플레이는 센서로 지나가는 사람들의 나이, 성별, 체형을 분석하여 그 사람을 위한 쇼핑몰 정보를 제공해 주는 인공지능 기반 디지털 마케팅을 수행합니다. 이것이 4차 산업혁명 시대의 디지털 디스플레이인 것입니다.

사례2: 인공지능을 활용한 커피주문

스타벅스는 챗봇과 함께 아마존 AI 스피커 에코에 적용할 수 있는 음성인식 주문 명령 기술을 업계 최초로 선보였습니다. 소비자가 에코 스피커에 대고 "알렉사, 내 스타벅스를 주문해줘"라고 말하면 인근 스타벅스 가게에 평소 먹는 커피가 주문됩니다. 챗봇(Chatbot)은 인공지능(AI)을 활용한 음성 작동 서비스로 고객이 음성으로 주문할 수 있는 서비스입니다. '쉬리', '빅스비' 등 모든 인공지능 플랫폼과 연결되어 있고, 고객이 스크린에서 터치하는 대신 음성으로 "나는 라떼를 원해."라고 말하면 알아서 주문하고 결제까지 해주는 음성기반 인공지능 서비스입니다.

3차와 4차 산업혁명의 핵심 기술의 차이

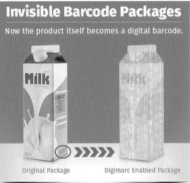

Invisible Barcode Packages
Now the product itself becomes a digital barcode.

Milk

Original Package   Digimarc Enabled Package

사례3: 인공지능 무인점포의 예

독자 여러분은 '아마존 고'가 어떻게 운영되는지 보셨나요? 처음에 들어갈 때 우리가 지하철 들어가듯이 자기가 아마존 고객이라는 걸 인지시키면 어느 위치에 고객이 있는지를 알 수 있습니다. 이것은 바로 비컨 테크놀로지(Becon Technology)에 의해서 삼각측정을 해서 약 15cm의 정밀한 반경 안의 사람들이 움직이는 것을 인공지능이 인지하는 것입니다.

그다음에 그 고객이 우유를 집었다는 것은 어떻게 알 수 있을까요? 바로 우유에 장착되어 있는, 이제 바코드가 아닌 전자칩으로 인식할 수 있는 것입니다. 그렇게 인식함으로 인해서 그것을 자동적으로 계산하는 이러한 방식으로 운영하고 있는 것이 '아마존 고'입니다.

그러면 우리가 이용하고 있는 현재의 편의점과 '아마존 고'의 차이는 무엇입니까. 편의점은 장소를 변화시키진 않았습니다. 가지고 있는 제품에 붙어 있는 바코드를 컴퓨터가 인식할 수 있도록 사람들이 물건을 들어서 바코드를 리더기에 찍어 주는 겁니다. 그러면 앞으로는 어떤 방식입니까. 아무런 사람의 간섭 없이 인공지능이 전자칩으로 상품을 인지하고, 사람이 어느 장소에 있는지를 인지하는 방식, 다시 말하면 스토어가 자체가 가상화되는 것입니다. 이런 것들이 3차 산업혁명과 4차 산업혁명의 근본적인 차이라고 할 수 있습니다.

4차 산업혁명의 관련 용어에 익숙해지자

 필히 알아야 할 관련 용어의 이해

유사 용어	정의와 개념
디지타이징 (Digitizing)	• 아날로그 정보를 디지털 정보로 바꾸는 것을 의미. • 즉 정보를 컴퓨터나 전자기기가 사용할 수 있는 정보로 변환하는 것. • 3차 산업혁명에서 쓰였던 용어.
디지털화 (Digitalization)	• 기업들이 디지털 기술을 활용하여 관리와 프로세스를 자동화하는 실제 과정. • 4차 산업혁명에서 비즈니스 및 사회 변화, 새로운 비즈니스 개발과 조직변화 등 개별적 변화의 담론적 개념
디지털 변환 (Digital Transformation)	• 디지털화(Digitalization)로 완성되어 가는 사회 전반적 변환 과정을 의미. • 4차 산업혁명시대로 전환을 위한 비즈니스 모델, 사회경제적 구조, 법률과 정책, 문화적 장벽 등을 종합적으로 변화하는 디지털화의 총칭적 개념.
디지털 리더십 (Digital Leadership)	• 4차 산업혁명이 가져오는 기회를 선점하여 국가와 기업들이 선도력 확보를 위한 거버넌스를 확보하는 선언적 목표 개념

먼저 우리가 너무나 익숙하게 사용하고 있는 '정보화(Informatization)

사회'라는 용어는 미래학자인 앨빈 토플러가 쓴 '제3의 물결(The Third Wave)'에서 연유되었습니다. 여기서의 제3의 물결은 제3차 산업혁명을 일컫는 말로서, 이 시대의 핵심가치는 '지식(Knowledge)'으로 김대중 정부 시절 우리는 '지식기반 사회'라고도 불렀다는 것을 기억하실 겁니다.

이에 대비하여 제4차 산업혁명은 '제4의 물결', '디지털화(Digitalization) 사회'라고 되었습니다. 이 시대의 핵심가치는 지식을 활용하는 '지혜'이고 '지능'입니다. 최근 정부는 제4차 산업혁명으로 인해 나타날 '지능정보사회'에 대응하기 위해 중장기 관점의 종합대책을 수립하였고, 행자부는 이 시대의 새로운 전자정부를 '지능형 정부'라고 명명하고 중장기 계획을 발표한 바 있습니다.

여기서 가장 핵심적으로 이해해야 할 용어는 '디지털화'입니다. 근래 들어 글로벌 조사기관들과 산업계의 리더들은 '디지털화(Digitalization)', '디지털 전환(Digital Transformation)', '디지털 리더십(Digital Leadership)'이라는 용어를 쓰고 있고, 우리나라 언론 기사에도 심심치 않게 등장하고 있는 신조어이며, 이들을 올바로 이해할 수 있어야 변화되는 시대의 흐름도 이해할 수 있는 것입니다.

우리는 이제까지 디지털은 아날로그의 반대 개념으로 '0과 1'로 표현되는 컴퓨터 및 다양한 가전기기를 총칭하는 것으로 이해해 왔습니다. 그러나 4차 산업혁명에서의 '디지털'은 이제 광의로 해석되어야 하며 새로운 담론으로 꼭 알아야 할 기본 상식이 되었습니다.

이제 앞으로 설명할 디지털 관련 용어들을 단어로 번역하여 이해하려 하지 말기 바랍니다. 시대를 총칭하는 담론 정도로 이해하면 그만입니다. 어렵게 생각하지 마세요.

독자들이 꼭 알아야 할 용어는 디지털화(Digitalization)입니다. 이 용어는 4차 산업혁명 시대에 정부나 기업들이 특정분야에 디지털 기술을 적용하면서 새로운 패러다임으로 변화하는 과정을 의미합니다. 예를 들어 콜센터를 인공지능으로 바꾸어 24시간 365일 서비스로 새롭게 변화한다면, 우리는 이것을 '콜센터의 디지털라이제이션(Digitalization)'이라고 부를 수 있는 겁니다.

이와 유사한 용어들로서 디지털화, 디지털 변환, 디지털 리더십에 대해 표에서 요약 제시해 드렸는데요. 이것을 간단하게 정리하면, '4차 산업혁명 시대에 디지털 리더십(목표)을 선점하기 위해서 사회 전반적 디지털 변환(정책수립)을 기획하고, 분야별 디지털화(분야별 실행)를 추진한다'라고 할 수 있습니다.

4차 산업혁명 시대에서 '디지털 비즈니스(Digital Business)는 디지털 기술을 활용하여 새롭게 변화된 사업 형태를 의미하며, 디지털 정부(Digital Government)는 국가가 대국민 서비스에 디지털 기술을 사용하여 새롭게 변화된 정부의 형태를 의미한다'는 것을 직관적으로 이해할 수 있을 것입니다.

동영상 강의
https://www.youtube.com/watch?v=eRvy4EFK9bM&t=248s

제2강

디지털 전환,
왜 모든 기업들이 몰두하는가?

모든 산업은 디지털화된다

 디지털 전환 열풍의 2020년 재계 CEO들의 신년사

SAMSUNG	2020년은 초일류·초격차 100년 기업으로 도약하는 계기를 마련. 차세대 제품과 혁신 기술로 신성장 사업을 적극 육성해야… (삼성전자 김기남 부회장)
Hanwha	디지털 변혁을 추진해 실질적인 변화와 성장. 단순한 모방과 추종을 넘어 세상에 없던 가치를 창조하는 혁신활동에 앞장서야 … (한화그룹 김승연 회장)
LG	디지털 전환을 가속화해 '성장을 통한 변화, 변화를 통한 성장' 추진. 고객의 삶을 더욱 가치 있게 하는 LG만의 고객 경험을 선사해야… (LG그룹 구광모 대표)
LOTTE	디지털 전환을 통한 비즈니스 혁신은 우리가 반드시 이뤄 나가야 하는 과제. 고객과의 지속적인 공감(共感)을 통해 더 나은 가치를 제공해야… (롯데그룹 신동빈 회장)

'삼성', 'SK', '한화' 등 대기업들과 그리고 금융권 및 정부에 이르기까지 '디지털 전환'이라는 용어가 대유행하고 있습니다. 또한 앞 다투

어 "디지털 전환을 위해서 DX 담당을 신설하고, 조직 개편을 하고 문화까지 모든 것을 바꾸겠다"라는 열풍이 불고 있습니다. 또 대기업들이 그걸 위해서 임원들을 재교육하고 이제 팀장, 사원들까지 완전히 의식 전환을 하겠다고 하고 있습니다. 그럼 과연 DX라는 게 뭘까요? 이것이 뭐기에 이렇게 온 기업들에 열풍이 불고 있는 것인지 알아보도록 하겠습니다.

3차 산업혁명 시대에 쓰이던 여러 가지 촉발 기술들은 뭐였을까요? IoT, 클라우드, 빅데이터, 모바일, 소셜 미디어와 같은 것들을 우리가 정보기술, 영어로는 인포메이션 테크놀로지(Information Technology)라고 불렀습니다. 이제 4차 산업혁명 시대는 디지털화(Digitalization), 다시 말하면 물체에 가상을 결합하고 거기에 다시 지능이 들어가는, 바로 인공지능 로봇, 증강현실/가상현실, 3D 프린터, 그리고 블록체인, 바이오, 이런 것들이 있습니다. 이것들을 우리가 '디지털 테크놀로지'라고 부르고 있습니다.

비즈니스 형태도 e-비즈니스라고 불렀던 것들을 이제 디지털 코퍼레이션(Digital Corporation)이라고 부릅니다. 다시 말하면 이제 인터넷을 얼마나 잘 활용하느냐가 아니고 제품과 장소까지 새로운 가상화를 시키는 그런 기업들, 그리고 이렇게 새로이 변하는 기업들을 디지털 코퍼레이션이라고 부르고 있습니다.

그러면 디지털 트랜스포메이션(Digital Transformation), 우리나라 기업들은 이걸 디지털 전환이라고 많이 부르고 있는데요, 이게 무엇일까요? 디지털화(Digitalization), 어떤 한 분야를 변화시켜서 디지털 체계로, 다시 말하면 디지털 기업으로 대전환을 하는 것을 우리가 디지털 트랜스포메이션(Digital Transformation), 영어 약자로는 DT라고 부릅니다.

요즘 유행하고 있는 DX라는 용어는 뭘까요? 'Digitalization for All' 할 때 그 'for All'을 'X'로 붙이는 거죠. 그래서 모든 것을, "제품, 프로세스, 조직, 제도, 인사, 문화에 이르기까지 모든 것을 전부 새로운 기업 형태로 바꾸자"라는 운동이 바로 DX가 되겠습니다.

그러면 이제 '디지털'이라고 하는 말의 의미를 아시겠죠. 아날로그의 반대적인 의미로 쓰는 게 아니고 담론적으로 쓰는 겁니다. 그래서 '디지털 비즈니스' 그러면 4차 산업혁명 시대의 비즈니스, 물체에 가상이 붙고 거기에 지능이 붙는 형태를 얘기하는 겁니다. 그러니까 디지털 트랜스포메이션(Digital Transformation), 디지털리제이션 포 올(Digitalization for All), DX와 같은 말은 전체적으로 사이버와 피지컬(physical)이 연결된 초연결 기업을 만들고 그것을 위해서 조직, 인사, 제도뿐만 아니고 문화까지 바꾸는 것을 뜻합니다.

가트너 그룹이 2019년 10월에 발표한 바에 의하면 이제 모든 산업은 디지털화 됩니다. 그 얘기는 뭐냐면 이제 산업과 산업의 융합이 본격화되는 거죠. 이 기반에는 5G가 있고, 이제 초연결 사회로의 진행이 이루어지고 있습니다. 그래서 이제 산업과 산업의 경쟁이 시작되었습니다. 그동안은 고객을 두고 기업과 기업의 경쟁이었는데, 이제 디지털 코퍼레이션 사이의 경쟁이 본격화되는 산업과 산업의 융합 현상이 일어나게 된다는 이야기입니다.

디지털 전환에 성공한 Siemens

< 지멘스 디지털 팩토리 모습 >

1995년 ⇨ 2015년	
처리 데이터	1,000배 증가
불량률	4,000% 향상
생산규모	7.5배 증가
6,000여 개 고객 맞춤 생산	
일 5천만 건의 디지털 데이터를 처리	
월 1,000만 개의 제품 생산	

< 디지털 전환 성과 >

    따라서 기업들은 이러한 새로운 시대로의 변화에 지금 적응하지 못하면 안 된다는 겁니다. 제일 먼저 변화해서 성공한 기업이 바로 '지멘스'(Siemens)입니다. 여기 사진에 보시면 메르켈 독일 총리가 실제 방문하고 있는 지멘스 공장 현장을 볼 수가 있습니다. 인더스트리 4.0을 추구하는 독일에서 바로 이러한 성공이 독일의 미래라고 확신한다고 메르켈 총리는 얘기하고 있습니다. 그러면 지멘스의 공장 현장 동영상을 한번 보도록 하겠습니다.

    지멘스는 전 제품, 전 부품에 센서를 다 부착했습니다. 그래서 머신과 머신의 M2M 커뮤니케이션을 현재 하고 있습니다. 디지털 트윈 개념을 이용해서 모든 제품과 부품을 AI 기반으로 개별 관리를 하고 있는 기업입니다. 때문에 데이터가 엄청나게 늘어나서 매일 5천만 건의 디지털 데이터를 처리하고 있습니다. 10년 만에 처리 데이터만 해도 1,000배가 증가했고, 불량률은 4,000%가 향상되었습니다. 생산량도 7.5배가 증가하는, 이런 놀라운 성과를 낸 바 있습니다. 따라서 기업들이 새롭게 지향해야 할 세계로의 변신, 이것들이 본격화되고 있는 현장이라고 볼 수 있습니다.

이러한 현상은 이제 산업과 산업의 변화로 이어지고 있습니다. 그래서 전통적인 IT 기업도 이제 오프라인으로 진출하고 있습니다. 이제 오프라인에 있는 기업도 온라인화 시켜서 서로 산업과 산업이 경쟁하는 그러한 형태로 발전하고 있습니다.

알리바바 그룹 같은 경우에는 전자상거래 업체에서 이미 변했습니다. 유통이라든지, 물류뿐만 아니고 자동차 산업, 그리고 의류산업까지 오프라인으로 진출하고 있는 모습을 볼 수가 있습니다.

아마존 같은 경우에는 "인터넷상에서 모든 제품을 고객에게 제공한다"라는 기업의 미션에서 "인터넷상에서"라는 것을 없애고, "고객이 있는 모든 곳에 고객이 원하는 것을 우리가 전달한다"라고 사명을 바꾼 바 있습니다. 그래서 '아마존 고'라는 무인점포도 오픈하고, 서점뿐만 아니고 최근에는 '홀푸드마켓'이라는 실제 유기농 체인을 인수했습니다. 또한 '키바'라는 로봇을 만들고 있고 드론 서비스를 하고 있습니다. 그 외에 다양한 웹서비스도 하고 있는 기업으로의 변신을 하고 있습니다.

이러한 IT 기업의 디지털화, 즉 오프라인으로의 변신이 있는 반면에, 또 오프라인에 있는 전통 기업들이 이제 새로운 디지털 코퍼레이션을 통해서 디지털 기술 기반의 사업으로 변하고 있습니다. '골드만삭스' 경우에는 9천 명의 엔지니어를 직원으로 고용하고 있습니다. 이는 전체 직원의 25%, 즉 4분의 1에 해당하는 놀라운 숫자입니다. 또 '폭스바겐'은 2025년까지 60%의 모든 개발을 자체적으로 확보한다는 취지 아래 1만 명의 소프트웨어 관련 인력을 고용하고 있습니다. '머스크'라는 선박회사는 2017년에 비해서 자그마치 4,500명 다시 말하면 5배가 늘어난 인력을 기술 인력으로 양성하고 있습니다. 이렇듯 기업들이 서로 산업 간 경계 없이 전부 디지털로 전환, 다시 말하면 DX로 뛰고 있는 상황입니다.

각 정부도 예외가 아닙니다. 미국 정부 같은 경우에는 이미 '엠마'(Emma)라는 챗봇을 통해서 미국 시민권과 이민 서비스를 지원하고 있습니다. 웹사이트를 통해 한 달에 평균 46만 건에 이르는 시민들의 질문에 인공지능이 답변을 해주는 것입니다. 잘 알려진 바와 같이 중국은 로봇캅, 다시 말하면 로봇 경찰까지 출현해서 금년 3월에 중국의 양안(중국과 대만)대회에 그 모습을 드러낸 바 있습니다.

가트너 그룹은 향후 10년 후에 사라지거나 뒤처진 기업들은 "우리가 왜 그랬을까?" 하고 디지털 핵심 역량을 갖추는 데 게을렀던 것을 후회하게 될 것이라고 말했습니다. 그리고 "지금 준비할 수 있는 시간은 딱 5년 남았다. 이 5년 안에 DX, 다시 말하면 조직의 문화, 제품, 서비스, 모든 것을 바꾸지 못하면 향후 10년 후에는 사라지거나 뒤처지게 된다"라고 얘기하고 있습니다.

기술, 제도, 프로세스 등 모든 것을 바꾸는 디지털 전환

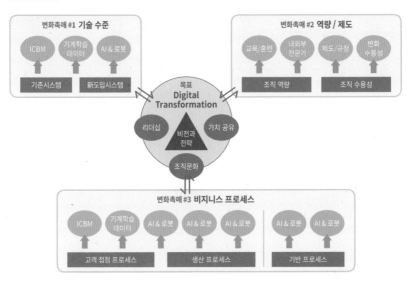

　이러한 디지털 트랜스포메이션, DX를 추진하기 위한 'V-TOP'이라는
필자가 만든 모델이 있습니다. 바로 비전을 중심으로 해서 바꿔야 한
다는 이야기입니다. 비전(Vision)의 V, 거기에 기술(Technology), 조
직(Organization), 프로세스(Process)를 뜻하는 TOP를 더한 모델로
서, 모든 것을 일거에 바꾸는 체계를 추진해야 한다는 것입니다. 이 세
가지는 바로 변화 촉매인데요. 첫째는 새로운 기술을 받아들여야 합
니다. 인공지능, AR/VR, 3D 프린터, 이런 걸로 새로운 변화를 이끌어
야 합니다. 두 번째는 역량과 제도를 바꿔야 하는 거죠. 그래서 임원
부터 사원까지 모두 새로운 교육 훈련을 받아야 합니다. 거기에 따라서
여러 가지 제도와 문화까지도 같이 바꿔야 합니다. 세 번째는 소유하고

있는 또 고객에게 서비스하는 제품과 프로세스까지 바꾸는, 이러한 촉매를 이용해서 전체적인 DX를 추진해야 할 것으로 판단됩니다.

'디지털 전환'으로 보는 미래 유레카

첫째, 모든 산업은 디지털화됩니다. 그래서 이제 산업과 산업의 경쟁이 시작됩니다. 지금까지는 같은 산업 안에서 기업과 기업끼리 경쟁했는데, 이제 산업과 산업이 융합되면서 거기에 경쟁이 새롭게 나타나기 때문에 여기에 대비하는 노력이 있어야 합니다.

둘째, 디지털 전환은 일시적인 코드가 아닙니다. 이제 기업 생존을 위한 필연적인 전략적 수행과정이 될 것입니다.

셋째, 디지털 전환은 단편적인 변화가 아니고 V-TOP, 즉 비전과 리더십을 기본으로 해서 제품, 프로세스, 인사 및 조직, 문화와 의식까지 모두 디지털 테크놀로지로 변화시키는, 디지털리제이션 포 올(Digitalization for All), 즉 DX로 추진해야 한다는 결론입니다.

동영상 강의
https://www.youtube.com/watch?v=PwG15nKjA3k&t=220s

제3강

재미있고 명쾌하게! 인공지능 이해하기

인간처럼 생각하는 기계

인간을 알면 인공지능이 보인다!

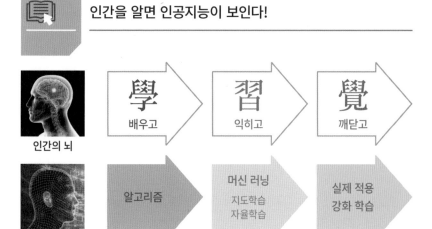

學 배우고 → 習 익히고 → 覺 깨닫고

인간의 뇌

알고리즘 → 머신 러닝 지도학습 자율학습 → 실제 적용 강화 학습

AI의 신경망

이번 강의는 뻔하지 않고 Fun하게 미래 기술 따라 잡기 시간입니다. 그중에 첫 번째로 '한자로 풀어 보는 인공지능 이야기'를 해보도록 하겠습니다.

인공지능의 정의는 무엇이고, 원조는 누구일까요? 1950년에 '생각하는 기계'라는 논문을 쓴 앨런 튜링(Alan Mathison Turing, 1912~1954)이 원조라고 볼 수 있습니다. 「이미테이션 게임(The Imitation Game)」이라는 영화 보신 분들은 독일군에 대항해서 새로운 기계를 만든 사람을 기억하실 텐데, 그가 바로 우리 인공지능의 원조라고 볼 수 있겠습니다. 인공지능의 정의란 간단하게 '인간처럼 생각하는 기계'입니다. 앨런 튜링이 정의한 '인간처럼 생각하는 기계'를 반대로 생각하면 "인간을 알면 인공지능을 안다"고 볼 수가 있겠지요.

인간은 기본적으로 태어나게 되면 빈 뇌가 있습니다. 그다음에 배우고 익히고 깨달으면서 지식의 진보라는 걸 하게 되죠. 그러면 이 원리를 한자로 한번 풀어보도록 하겠습니다. '학'(學) '습'(習) '각'(覺) 바로 이런 세 가지 단어인데요.

배울 학(學) 자를 보면 어린아이가 책상머리에 앉아서 선생님으로부터 배우는 모습을 볼 수가 있습니다. 무엇을 배울까요? 이 글자 중간에는 '爻'라는 글자가 있습니다. 그게 바로 갑골문자로 '완벽하다'라는 의미입니다. 즉, 앞선 세대가 알게 된 완벽한 원리를 우리가 배운다는 것입니다. 이는 우리가 학교에 가서 피타고라스 정리를 배우는 것과 같습니다.

두 번째는 익힐 습(習)입니다. '습' 자를 보면 날갯짓(羽)을 하고 있습니다. 그리고 밑에 흰 백(白) 자가 있습니다. 인간은 백 번만 연습하면 하얀 것을 까맣게 할 수 있다는 것이지요. 그래서 아무리 머리가 조금 안 좋더라도 피타고라스 정리 연습 문제를 100개만 풀면 피타고

라스 정리를 완벽하게 이해할 수 있습니다.

사람은 뭐 합니까? 익히는 데서 끝나지 않고 실제로 써보면서, 행동하면서 깨닫게 됩니다. 그게 깨우칠 각(覺)인데요. 깨우칠 각 자를 보면, 눈 목(目) 자에 '걷는다'를 뜻하는 그 발(儿)이 있죠? 걸으면서 실제로 적용해 보니까 깨닫는 게 있다는 것입니다. 자기가 깨달은 걸 자기 뇌에다 집어넣는 게 깨달을 각(覺)입니다.

당신은 이것을 무엇이라 읽습니까?

∧PPLE

그럼 인공지능도 이렇게 만들어야 되겠죠? 그러면 우리는 어떤 인공지능이 필요할까요? 컴퓨터하고 어떤 다른 게 있어야겠습니까? 그걸 한번 살펴보도록 하겠습니다.

여기 지금 영어 단어가 있습니다. <∧PPLE> 뭐라고 보이십니까, 여러분. '애플'입니다. 그렇죠? 우리는 '애플'이라고 읽어요. 그런데 이게 'A' 자입니까? 아닙니다. 그런데 인간은 어떻게 이걸 '애플'이라고 읽죠? 바로 인간만이 가지고 있는 추론 능력 때문입니다. 확실하지 않아도, 'pple'라는 걸 보고도 '아, 이게 A 자를 빠뜨렸구나!' 이렇게 하는 것이죠. 그걸 우리가 추론한다고 합니다. 그런데 컴퓨터 프로그램한테 이

걸 보여주면 컴퓨터는 뭐라고 읽을까요? '에러'라고 합니다. '에러, 오류입니다'라고 읽습니다. 왜냐하면 저런 A 자가 없기 때문이죠. 기존에 우리가 쓰던, 이제까지 쓰던 컴퓨터는 'A'를 알려주면 그대로 'A'라고 얘기합니다. 그런데 저런 글자가 없기 때문에 '에러'라고 읽게 됩니다. 그런데 우리한테 필요한 인공지능은 인간처럼 생각하는 기계이기 때문에 이거를 '애플'이라고 추론할 수 있는 능력이 필요합니다. 그러려면 인간하고 똑같아야 됩니다. 이를 위해서는 인간과 같은 뇌가 먼저 필요하고, 그다음에 가르치고 연습시키고 행동한 것을 바탕으로 다시 자기가 스스로 진화할 수 있도록 만드는 메커니즘이 필요합니다. 그게 바로 인공지능과 컴퓨터 프로그램의 차이라고 볼 수 있습니다.

그리고 인간의 뇌에 해당되는 인공신경망이 있습니다. 인간이 배우는 것을 그대로 가르치는 걸 인공지능 알고리즘이라고 부릅니다. 코딩이 아닙니다. 알고리즘이라고 부릅니다. 그다음에 가르치게 됩니다. 가르치는 걸 머신 러닝이라고 하지요. 그리고 실제로 써보고 우리가 깨닫듯이 인공지능도 실제로 적용해 보고 자기 스스로 강화학습이란 걸 하게 됩니다.

이렇게 일련의 흐름이 같다고 볼 수 있습니다. 그러면 뇌의 차이부터 어떻게 인간하고는 다르고 어떤 장점을 갖고 있는지를 살펴보겠습니다.

첫 번째, 뇌에 대해서 말씀드리면, 인간은 생체 뇌를 가지고 있습니다. 우리가 죽을 때까지 10%밖에 못 쓰고 죽을 정도로 굉장히 큰 잠재 능력을 가지고 있습니다. 그런데 인공지능은 뇌가 안 좋습니다. 생체 뇌가 아니기 때문입니다. 생체 뇌를 만드는 건 오래 걸립니다. 한 50년 이상 걸리게 됩니다. 인공지능은 컴퓨터 프로그램으로 짰기 때문에 구조적으로 인간의 뇌보다는 턱없이 형편없는 뇌를 가지고 있습니다. 이렇게 뇌가 안 좋기 때문에 알고리즘이 좋아야 하고 굉장히 많은 학습이 필요합니다. 인간은 100번만 하면 안다 그랬죠? 인공지능은 최소한 거기에 10만을 곱하셔야 합니다. 다시 말하면 인간은 100번 하면 이해할 수 있는데 인공지능은 천만 번을 연습시켜야 합니다. 구글 '알파고'는 인간 기보(棋譜) 16만 개를 학습했습니다. "교수님, 천만 개라면서요?" 인간이 남긴 기보가 16만 개밖에 되지 않기 때문입니다. 그리고 대신 2천만 판 이상의 자율학습을 한 겁니다. 인공지능 'IBM 왓슨'은 의사가 되기 위해서 290개의 의학저널, 200개의 의학 교과서, 1,200만 페이지의 논문을 학습했습니다. 이렇듯 많은 걸 가르치게 되는 거죠. 그러면 이렇게 많이 가르쳐야 할, '뇌가 안 좋은 인공지능이 우리에게 과연 유용한가' 하는 의문이 들 수도 있습니다.

그러나 인간보다 나은 점이 있어서 인공지능이 안 좋은 뇌임에도 불구하고 쓸모가 있습니다. 첫째, 가르치기는 어렵습니다. 그렇죠? 천만 번이나 가르쳐야 합니다. 그러나 잊어버리질 않습니다. 까먹질 않아요. 여러분은 잊어버리지만 인공지능은 까먹지를 않습니다.

둘째, 훈련하고 데이터를 습득하는, 정보를 습득하는 속도가 엄청나게 빠르다는 겁니다. 인간은 바둑을 다섯 번밖에 둘 수가 없지만, '알

인공지능의 필요성

저능한 AI가 쓸모가 있는 이유

1. **가르치기는 어려워도 잊지는 않는다.**
   IBM Watson은 "대장암98%, 방광암91%, 췌장암94%, 자궁경부암100%로 전문의 초기 오진비율(20%)보다 높은 정확도" (미국종양학회)

2. **데이터 습득 및 훈련 속도가 엄청나게 빠르다.**
   알파고 Lee: 16만 개 인간 기보 + 2800만 판, 2년간 학습 알파고 Master: 알파고 Lee (이세돌 1패) + 2800만 판, 1년간 학습 알파고 Zero: 지도학습 없이 스스로 2800만 판, 3일간 학습

3. **클라우드로 복제하여 사용할 수 있다.**

파고'는 하루에 만 판이라도 둘 수 있습니다. 그래서 이세돌한테 진 다음에 깨달은 것을 바탕으로 인공지능끼리 학습하는 걸 엄청나게 빠르게 한 것입니다.

셋째, 우리가 몸이 바빠서 '내가 둘로 쪼개졌으면 좋겠다' 할 때가 있습니다. 그런데 인공지능은 복제해서 사용할 수가 있습니다. 이러한 장점 때문에 인공지능을 쓰게 되는 것입니다.

그럼 뇌에 대해서 한 번 더 살펴보겠습니다. 인공지능의 뇌는 이름이 따로 있습니다. 예를 들어서 '알파고'의 기본적인 인공신경망은 '딥마인드'(DeepMind)가 되겠죠. 'IBM 왓슨'은 빈 뇌를 얘기하는 겁니다. 빈 뇌에다가 온콜로지(Oncology, 종양학)를 가르쳐서 의사가 되게 했습니다. 또 조교 업무를 수행할 수 있게 인공지능을 가르친 건

질 왓슨(Jill Watson, 1963~현재), 그다음에 운전을 가르친 건 올리 왓슨(Olli Watson), 이렇게 되는 거죠. 다시 말하면 인공지능은 뇌가 안 좋기 때문에 한 번에 하나밖에 가르칠 수가 없습니다. 사람처럼 운전도 하고 의사도 됐다가 사람하고 대화도 했다가 차도 몰았다가, 이렇게 하는 것은 지금 수준으로는 거의 불가능합니다. 따라서 한 번에 하나만 가르칠 수 있습니다. 우선 이렇게 독자 여러분이 이해하시면 되겠습니다.

그러면 이렇게 나쁜 뇌를 어떻게 인지시킬 것이냐, 이런 문제가 남습니다. 만약 고양이를 인지시킨다고 할 때, 고양이를 하나하나 정의하면 굉장히 많은 정의서가 필요합니다. 고양이는 귀가 두 개이고 코가 하나이고 입이 하나이고. 사람하고 다를 게 없습니다. 이런 하나하나를 규정하다 보면 10권의 책으로도 모자랍니다. 이렇게 가르쳐서는 안 됩니다. 인간에게는 어떻게 가르칩니까? 고양이 사진을 보여주고 '고양이야.' 그리고 100번만 연습시키면 됩니다. 이런 구조로 가르치려면 고양이를 정의하면 안 됩니다. 정의하지 않아야 인공지능이 개도 배울 수 있고 호랑이도 배울 수 있는 것입니다. 그렇지 않고 모든 동물이 서로 다르다는 것을 기술한다면 거의 불가능한 일이 돼 버립니다. 그래서 구글은 어떻게 했느냐. 고양이 그림과 개 그림, 이렇게 여러 개를 천만 장을 줍니다. 그다음에 얘기하는 거죠. 알고리즘이 필요하지 않습니까? 그게 뭐냐 하면, 형체를 쪼개서, 이미지를 쪼개서 "이 A와 B가 유사성을 갖는다"라는 원리를 가르치게 됩니다. 그다음에 인공지능한테 명령을 내리죠. "천만 장을 3개 그룹으로 나눠." 3개 그룹으로

나누겠죠. 그러고 난 다음에 그걸 고양이라고 알려주는 겁니다. 그럼 고양이 다음에 호랑이도 있고 표범도 있고 유사 동물이 있지 않습니까. 또 이미지 1억 장을 갖다 주고 또 훈련을 시키면 그때부터 인공지능은 고양이를 인식하게 되는 것입니다.

이것에 어떤 장점이 있습니까? 고양이를 인식하는 이 알고리즘이 좋으면 그다음에 다른 대상들도 빠르게 인식시킬 수 있습니다. 모든 것이 엄청난 속도로 빨라지게 되는, 그것이 바로 알고리즘과 코딩의 차이라고 볼 수 있습니다.

그러면 인공지능도 수준이 있을 거 아닙니까? 지능의 수준, 즉 우리 인간의 IQ처럼 수준이 있습니다. 그것을 바로 알고리즘이 좌우하는 것입니다. 알고리즘이 좋으면 인공지능 수준도 높습니다. 바둑의 예를 들어 볼까요. 세계 1위의 넘사벽, 뭡니까? '알파고'입니다. 인간을 다 이겼죠. 그런데 일본에는 '딥젠고'라는 인공지능 바둑기사가 있습니다. 중국에는 '절예'라는 인공지능 바둑기사가 있습니다. 이들의 수준은 매우 낮습니다. '알파고'에 못 미칩니다. 우리나라에는 뭐가 있을까요? '돌바람'이라고 있습니다. '돌바람'은 아주 낮은 수준입니다. 아마추어에 해당합니다. 프로가 아닙니다. 왜 이렇게 차이가 나는 걸까요? 우리나라 '돌바람'은 인공지능이 아닙니다. 프로그램 코딩이에요. 그래서 바둑을 둬도 둬도 실력이 늘지 않습니다. 그냥 그 수준입니다. 아마추어 4단 수준에 불과합니다. 그런데 '딥젠고'나 '절예'나 '알파고'는 두면 둘수록 실력이 좋아지는 것입니다. 그게 바로 인공지능과 프로그램의 차이입니다. 그러면 '알파고'는 세계 1위인데 왜 '딥젠고'나 '절예'는 세계 50위에서 100위를 왔다 갔다 할까요? 그렇습니다. '알파고'를 만든 사람은 하사비스(Demis Hassabis, 1976~현재)입니다. 세계적인 인공지능 학자에다가, 실제 영국의 체스 대표 선수기도 합니다. 충분히 자기가 경험이 많아야 좋은 알고리즘을 만들 수 있다, 이게 차이라는 것입니다. 코딩 기반 프로그램의 성능이 나아지려면 개발자의 능력이 좋아져야 하지만, 인공지능의 성능은 자가 진화를 통해서 나아진다는 것이 바로 차이점입니다.

무적의 AI 게임왕을 만드는 방법

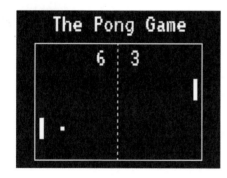

(지도학습) 기본 게임 원리를 인간에게 학습
(자율학습) 인공지능끼리 게임을 통해 공을 치는 방법 학습
(지도학습) 인간과 대결하여 상대의 공이 오는 방향을 예측하는 방법 학습
(자율학습) 인공지능끼리 게임을 통해 공이 오는 방향 예측 훈련
이러한 과정을 반복하면 12시간 만에 인간에게 패배하지 않는 무적의 게임왕 등극

그림을 보겠습니다. '퐁 게임'이라는 탁구 게임입니다. 이 게임을 인공지능한테 어떻게 가르칠까요? 프로그램 코딩처럼 '여기를 치면 몇 도 각도로 치고', 이렇게 하면 배울 수가 없습니다. 간단해야 가르칠 수 있습니다. 이런 원리를 알고리즘으로 가르치죠. "공이 네 뒤로 가면 마이너스 1이야, 상대방으로 가면 플러스 1이야. 그리고 너는 움직일

수 있어. 이걸 가지고 게임을 하는데 너는 무조건 플러스가 많은 게 좋은 거야." 이렇게 가르치면 얘는 처음에는 아무것도 모릅니다. 가만히 있다가 인간이 움직이는 걸 보고 배워서 자기도 움직이게 되죠. 그러면 순간적으로 멈춘 다음에 얘를 다시 학습시킵니다. 어떻게? 1시간에 25만 번 학습을 시키는 거죠. 그다음에 또 뭘 할까요? 인간하고 또 둬 보니까 사람들은 '딱' 하고 공이 오는 걸 예측하고 추론해서 거기에 가 있습니다. 아, 깨닫게 됩니다. 그러면 또 멈춥니다. 복제를 해서 얘네끼리, 즉 복제한 것들끼리 학습을 시킵니다. 그러면 50만 판을 두고 난 다음에 또 문제가 나타납니다. 그러면 또 인간에게 배웁니다. 그렇게 10시간 동안 엄청나게 많은 판 수를 자기들끼리 학습한 다음에 나타난 결과는 보시다시피 그림과 같이 됩니다. 놀랄 만하죠? 바로 이게 진화라는 겁니다.

처음에는 아무것도 모르고 학습시키기가 어렵지만, 많은 시간이 걸리지만, 완벽하게 된 다음에는 실력을 계속적으로 증진시키면서 발전할 수 있는 게 인공지능의 특징이라고 볼 수 있어요.

결론은 인간을 알면 인공지능이 보입니다. '학'(學) '습'(習) '각'(覺) 여기서 바로 인공신경망, 알고리즘, 머신러닝, 이런 게 나오는 것입니다. 그러면 인공지능의 실력은 뭡니까? 좋은 알고리즘과 양질의 많은 데이터, 이것이 좋은 인공지능을 만드는 지름길입니다. 이런 부분에 있어서 경쟁력이 좌우된다고 볼 수 있겠습니다.

동영상 강의
https://www.youtube.com/watch?v=PWZz9G1BmMY&t=172s

제4강

인공지능이 만드는 데이터가 돈이 된다!

디지털 데이터 이코노미

 하루 4000기가 바이트를 처리하는 인공지능 자동차

자율자동차는 좌회전을 하기 위해
1초에 300만 개의 레이저 빔 데이터를 실시간 해석한다.

요즘 디지털 데이터 경제라는 말이 많이 나오고 있습니다. 4차 산업 혁명 시대의 디지털 데이터 성격이 과거의 데이터와 다르다는 것을 우리가 알아야 할 필요성이 있습니다. 즉, 우리가 지금까지 썼던 데이터는 이제 새로운 시대의 인공지능계의 빅데이터와는 완전히 다른 데이터입니다. 다시 말해 지금까지와는 다른 성격을 갖게 된다는 뜻입니다. 그래서 이 데이터를 가지고 돈을 만드는 방법도 기존하고 달라집니다.

우리가 지금까지 사용한 것은 인간계의 빅데이터입니다. 다시 말하면 데이터의 크기라든지 다양성, 그리고 데이터가 얼마나 빨리 변하느냐, 이 세 가지가 인간계 빅데이터의 가장 핵심이었고, 우리는 사람들이 처리하는 결과물의 데이터를 분석하고 활용해 왔습니다.

그런데 인공지능계의 빅데이터는 인간계의 빅데이터와는 데이터의 성격과 분석방법이 다릅니다. 이 그림에서 보듯이 자동차가 좌회전을 하려고 그래요. 인공지능은 엄청난 데이터를 처리하게 되죠. 다시 말하면 라이다[1](lidar) 하나당 50만 개 이상의 펄스[2](Pulse)를 쏘게 됩니다. 그러면 이 한 대의 자동차가 1일에 얼마나 많은 데이터를 처리할까요? 바로 4,000GB 정도의 데이터를 처리하게 됩니다. 그러면 엄청난 데이터가 발생합니다. 여러분이 가지고 계신 240GB 정도의 PC는 100분 만에 용량이 부족하게 됩니다.

그러면 이 차들이 한 대가 아니고 수만 대, 수십만 대가 되면 그 데이터를 어떻게 처리해야 할까요? 지금까지 인간이 경험해 보지 못한 새로운 양과 속도와 다양성이 존재하게 된다는 것입니다. 인공지능계의 빅

---

1) 빛을 이용한 레이더라고 할 수 있다.―필자.
2) 아주 짧은 시간 동안 흐르는 전류.―필자.

데이터는 센서의 복잡성으로 인해 처리의 양과 종류의 다양성과 변화의 속도가 상상할 수 없을 정도로 커지게 됩니다.

그러면 여기에서 결국 네 가지의 인공지능계 빅데이터 현실을 알 수가 있습니다.

첫째는 새로운 센서들에 의해서 복잡하고 많은 데이터가 온다는 거죠. 두 번째는 이 엄청난 데이터를 모두 보관할 수가 없습니다. 그래서 일부, 찰나의 징후만 포착하고 추출해 낸 다음에 나머지는 버려야 합니다. 이는 자동차의 블랙박스를 예로 들겠습니다. 블랙박스는 보통 3일에서 5일만 보관하고 버립니다. 이런 것들을 휘발성 데이터라고 합니다. 다시 말하면 인공지능계에서 새로운 센서들에 의해서 엄청나게 나온 데이터를 모두 보관할 수 없기 때문에 좋은 정보, 또는 위험한 정보만 추출해 내고 나머지는 다 버리게 되는 이러한 휘발성 데이터가 급격히 늘어나게 됩니다. 세 번째는 데이터와 데이터들의 상관관계에 의해서 그것들이 영향을 미치는, 미래에 영향을 미치는 것들을 실시간으로 해석하고 이것으로 새로운 모델을 또 만들어서 가는 것들이 필요하다는 것입니다. 그래서 인간계에서는 모델을 기반으로 해서 데이터를 분석했는데, 이제 인공지능계는 패턴을 기반으로 데이터를 해석해야 합니다. 즉, 분석에서 해석의 시대로 넘어가 이처럼 데이터의 취급 방법이 새롭게 변화됩니다.

그래서 결국 '밸류'가 무엇이냐, '가치'가 무엇이냐를 중점적으로 해서 데이터를 어떻게 처리하느냐가 가장 핵심적인 변화가 됩니다.

왼쪽 패턴의 면적을 계산하는 공식은?

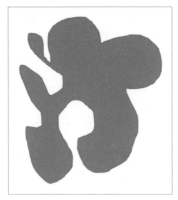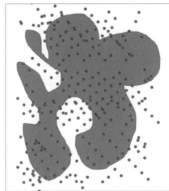

여러분, 그림에 보이시는 이 면적을 한번 구해 보세요. 구하실 수 있나요? 이런 패턴의 면적을 구하는 새로운 방식들이 요구됩니다. 계속 변화되는 이러한 엄청난 양의 데이터들, 여기에서 어떻게 패턴을 잘 알아차릴 것인가, 이런 것들이 중요한 문제가 됩니다.

그러면 어떻게 계산할까요? 바로 박스를 쳐요. 10×20의 박스를 친 다음에 여기에 랜덤하게 점을 찍습니다. 그러면 전체에 쏜 점 중에 과녁에 들어간 점의 개수가 전체 면적의 비율로 추정되는 거죠. 그래서 완벽하게 분석을 안 하더라도 거기에서 징후를 해석해 낼 수 있는 이런 데이터 해석 모델이 필요한 것입니다.

예를 들어서 제철회사의 용광로, 품질관리를 어떻게 하겠습니까. 지금까지는 이 1,500도 이상의 용광로의 철의 움직임에 대해 품질관리를 할 수가 없었습니다. 그런데 이제 불꽃 모양, 또는 하얀색과 파란

색, 빨간색의 조화, 이런 패턴을 분석해서 지금 이것이 어느 정도 온도인지를 판단할 수 있게 되는 겁니다. 이러한 것들을 수행할 수 있는 게 바로 인공지능계의 빅데이터라고 볼 수 있습니다.

디지털 트윈

인공지능이 비행기를 유지보수한다!

디지털 쌍둥이란, 물체에 센서를 설치하고
가상공간에서 인공지능이 관리하는
새로운 물체 관리 방법이다

센서 데이터
상황 모니터링

빅데이터 분석
이상 징후 포착

대안 시뮬레이션
의사결정 지원

Digital Twin

<그림 출처: Mouser Solution>

디지털 트윈은 앞에서 우리가 한번 다뤘던 것입니다. 모든 실체에 센서를 장착해서 개별 관리하는 것입니다. 이것에 의해서 이제 더 이상 시간은 돈이 아니고 데이터가 돈인 시대로 변화되고 있습니다.

SKF라는 베어링 회사가 있습니다. 이 베어링 회사는 자기 베어링에 센서를 단 다음에 자기의 베어링에서 움직이는 그 전체 제품의 제품 관리를 하는, 설비의 건강관리 서비스 회사로 변신했습니다. 다시 말하면, 제품의 데이터 해석을 통해서 추가적인 디지털 트윈 분석을 통하여 돈을 만들어 내는, 이러한 움직임들이 지금 현재 새로운 디지털 이코노믹의 움직임이라고 볼 수 있습니다.

280개의 알고리즘으로 고객 한 사람 한 사람의 의류에 대한 데이터, 즉 고객이 요구하는 내용들을 데이터로 관리하는 '스티치픽스'(Stichfix)라는 회사도 고객의 데이터 해석 능력으로 돈을 만들어 내는 기업의 전형적인 모습이라고 볼 수가 있습니다.

자동차도 마찬가지입니다. 이제 자동차 회사는 자동차의 데이터뿐만 아니고, 자동차 안에서의 건강관리와 같은 여러 가지 툴에 의한 데이터, 렌탈 회사의 데이터, 공유 경제의 데이터까지 관리해야 합니다. 이렇게 여러 가지의 모든 데이터들이 합쳐지고 연결되면서 물체와 물체와의 연결 데이터, 산업과 산업과의 연결 데이터가 돈이 되는 이러한 시대로의 변화, 이것이 바로 디지털 트랜스포메이션 시대의 디지털 데이터 이코노미가 되겠습니다.

기업을 넘어 산업 간 데이터가 연계되면 세 가지 특성이 중요해집니다. 첫째는 데이터가 자기 회사만의 데이터가 아니고, 다른 회사들의 데이터까지 연결된다는 이야기입니다. 그렇게 함으로써 이제 새로운 정보를 통한 새로운 이코노미, 디지털 데이터 이코노미 시대가 본격적으로 열리는 것입니다. 이 시대가 열리게 되면 이제 데이터가 나의 소유가 아니고, 그것을 보다 많이 융합하고 또 다른 사람과 함께 연결해서 더 큰 산업 데이터를 만듭니다.

과거에는 자동차에 얼마나 기술력이 있느냐를 따졌습니다. 그것은 얼마나 소리가 안 나는지, 얼마나 빨리 달릴 수 있는지, 이런 기계적인 능력을 얘기했습니다만, 이제 인공지능이 운전하는 자율자동차는 달라질 것입니다. 자동차 안에 있는 부품들이 전부 사라지게 되고, 결국 인공지능이 얼마나 데이터를 잘 처리하고, 결정하느냐의 문제로 바뀌게 되는 겁니다. 따라서 이제 자동차의 주요핵심도 기계에서 데이터로의 대전환이 이루어지고 있는 중입니다.

'디지털 데이터 이코노미'로 보는 미래 유레카

세 가지를 살펴보도록 하겠습니다.

첫째, 인간계의 데이터, 이제까지 우리가 취급했던 데이터와 인공지능계의 데이터는 다른 것입니다. 다시 말하면 센서의 복잡성으로 인하여 지금까지 경험해 보지 못한 새로운 양과 처리 속도와 그리고 변화 속도가 이제 이루어지고 있다고 볼 수 있습니다.

둘째, 그렇기 때문에 모델에 의한 분석이 아니고 패턴에 의한 찰나적 징후의 해석이 훨씬 중요한 시대로 변화되고 있는 것입니다.

셋째, 개별 물체와 고객들의 데이터를 알고리즘 기반으로 해석하는 것이 곧 돈입니다. 이제 하나의 기업의 데이터를 벗어나서 여러 산업 간의 융합적인 디지털 데이터가 새로운 경쟁력으로 작용하고, 이 디지털 데이터가 새로운 돈을 만들어 내는, 기업의 변신에 가장 핵심적인 자산이 된다고 볼 수 있습니다.

동영상 강의
https://www.youtube.com/watch?v=PwG15nKjA3k&t=235s

5G시대, 불편한 진실 5가지

5G의 5가지 오해와 진실

5G 이동통신 기술의 3가지 특성

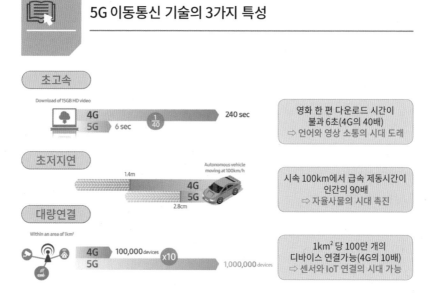

초고속
Download of 15GB HD video
4G / 5G   6 sec   1/40   240 sec

영화 한 편 다운로드 시간이
불과 6초(4G의 40배)
⇨ 언어와 영상 소통의 시대 도래

초저지연
Autonomous vehicle moving at 100km/h
1.4m
4G / 5G
2.8cm

시속 100km에서 급속 제동시간이
인간의 90배
⇨ 자율사물의 시대 촉진

대량연결
Within an area of 1km²
4G   100,000 devices   x10
5G   1,000,000 devices

1km²당 100만 개의
디바이스 연결가능(4G의 10배)
⇨ 센서와 IoT 연결의 시대 가능

여러분, 우리나라가 2018년 12월 1일에 세계 최초로 5G 보급을 시작했습니다. 그래서 여기에 대한 기대가 상당히 많고 이것을 통해서 우리나라의 4차 산업혁명이 이제 본격화되겠다는 기대와 설렘을 갖고 있습니다. 또 이웃 나라에서는 중국이 원래 금년 9월 1일에 5G를 상용화 해야겠다고 선포했는데요. 돈이 굉장히 많이 든다는 자금 문제에 봉착했습니다. 그다음에 네트워크 커버가 잘 안 됩니다, 또 기술적으로 난이도가 굉장히 심합니다, 이런 문제가 겹치면서 중국은 5G 설치 시기를 늦췄습니다. 게다가 5G 기술을 가진 화웨이가 미국의 제재를 당하면서 중국이 5G를 언제 시작할지는 기약할 수 없는 미래 이야기가 되어 버렸습니다.

그런데 먼저 서비스를 시작한 우리나라에서 남보다 먼저 5G 스마트폰을 선택한 사람들은 "지하에 가면 통신이 터지지 않는다", "오히려 4G보다 느릴 때도 있다" 등 불만을 터트리고 있습니다. 그래서 사람들은 조기 수용자들을 "오지 체험가"라고 놀리기도 합니다. 그래서 도대체 5G에 어떤 기술적 문제가 있고, 왜 이런 기지국을 많이 설치해야 되는지, 그리고 5G를 설치해도 왜 속도가 나지 않는지 등등, 그런 여러 가지 사항들을 알아야 할 필요가 있습니다. 그래서 지금부터 5G 시대에 우리가 딱 알아야 할 5가지 진실에 대해서 살펴보도록 하겠습니다.

첫 번째 진실입니다. "5G는 3G나 4G와는 체계가 완전히 다르다?" 5G는 자율 사물들, 그리고 다양한 정보, 또한 빠른 속도가 필요합니다. 때문에 고주파수 대역을 사용해서 직진성이 강한 통신을 사용하게 됩니다. 6GHz 이하나 24GHz에서 100GHz의 고주파수를 사용하게 됩니다. 이걸 왜 사용할까요? 바로 고주파수는 대역폭이 크다는 이야기입니다. 대역폭이라는 건 데이터가 오가는 통로, 다시 말하면 도로처럼 넓다고 보시면 되겠습니다.

1G, 2G는 우리가 전화나 문자 메시지만 썼기 때문에 대역폭이 작아도 괜찮았습니다. 그래서 저주파를 사용한 것입니다. 그러니까 그때까지는 국도 정도의 통신망을 갖고 있던 것이고, 3G, 4G는 고속도로 정도의 대역망을 갖고 있던 것입니다. 이제 5G는 비행기 활주로라고 생각하시면 됩니다. 다운로드 속도가 최대 20Gbps까지로 늘어납니다. 이렇게 되면 여러분이 쓰시는 4G에 비해서 최소 5배 내지 최대 40배까지 속도가 빨라집니다. 이건 굉장한 속도입니다. 지연 시간도 더 마이크로 단위로 짧아져서 이제 자율 주행하는 모든 물체들, 그리고 인공지능이 자기의 중추신경을 굉장히 빨리 개선하기 때문에 4차 산업혁명의 핵심 기술이라고 볼 수 있습니다.

그런데 이런 장점만 있는 건 아닙니다. 단점이 있습니다. 4G는 파장과 파장의 길이가 수십 센티미터입니다. 그러니까 기지국 하나에서 최대 50km에서 150km까지를 커버합니다. 하지만 5G는 파장 길이가 수 밀리미터밖에 안 됩니다. 때문에 거리가 길어지면 변질될 수가 있습니다. 그래서 250m에서 300m밖에 안 됩니다. 그러다 보니까 기지국이 많이 필요할 수밖에 없습니다. 이게 첫 번째 진실입니다.

두 번째 진실. "5G 전자파는 콘크리트를 못 지나간다면서요?" 네, 맞습니다. 밀리미터파는 직진성이 강하죠. 직진성이 강한 것만큼 충돌과 분산도 많습니다. 장애물이 있으면 뚫고 들어가지 못합니다. 그래서 콘크리트 벽, 다시 말하면 건물 내와 지하 공간에는 별도의 통신

왜 5G는 초단파인가?

많은정보, 더 빠른 속도를 위해 직진성이 강한 고주파수 대역을 사용

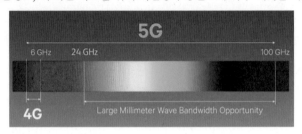

[밀리미터파의 고주파는 장애물이 있을 때 충돌 및 분산이 발생]

셀 타워가 필요합니다. 따라서 어느 회사에서 건물 내에 5G를 써야겠다면 별도의 통신 셀 타워가 있어야 합니다. 바로 이 점이 과거 4G하고는 다른 점이라고 볼 수 있습니다.

세 번째 진실. "비 오는 날에는 왜 이렇게 잘 안 되는 거예요?"라고 5G를 먼저 써본 사람들은 불만을 얘기하고 있습니다. "빗방울에 약하다?" 맞습니다. 5G뿐만 아니고 GPS도 비가 많이 오는 날엔 잘 안 되는 것과 같습니다. GPS 이런 것들이 바로 고주파를 쓰는 통신이기 때문입니다. 위성통신도 다 마찬가지죠. 이런 것들은 전부 전자파에 약합니다. 따라서 5G도 비가 오면 약하겠죠. 그래서 5G는 비가 오면 밀리미터파의 신호 강도가 저하됩니다. 그러면서 속도가 느려지고 연결에 문제가 발생할 수 있을 가능성이 있다는 것이 진실입니다.

진실 넷. "이러한 문제들은 그러면 어떻게 해결할 수 있죠?" 데이터

손상 없이 장애물을 뚫고, 비가 올 때 속도를 유지하고 데이터의 품질을 제고시키는 효율적인 방법은 뭘까요? 네 가지를 살펴보겠습니다. 첫째는 더 많은 5G 셀 스테이션을 구축해야 합니다. 어느 정도? 지금보다는 4배에서 5배는 더 깔아야 한다는 계산이 나옵니다. 두 번째는 4G하고 함께 써야 합니다. 그래서 실질적으로 5G 통신은 4G 기지국을 기본으로 쓰고 있습니다. 그다음에 지방, 즉 지역별로 5G 장비를 추가적으로 셀을 구축해서 쓰는 방식이 새로운 방식이라고 볼 수 있겠습니다.

이것만 가지고 해결되는 것이 아닙니다. 두 가지 기술을 얘기하는데요, 하나는 '빔 포밍'(Beam Forming)이라는 기술과 또 하나는 기지국과 단말기에 여러 개의 안테나를 사용하는 '메시브 미모'(massive MIMO) 라는 기술을 사용하게 되는데, 말이 어렵죠? 도대체 '빔 포밍'은 뭐고, '메시브 미모'는 뭘까요? 좀 알기 쉽게 지금부터 설명해 드리겠습니다.

5G의 빔포밍 기술의 원리

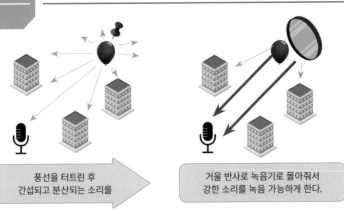

풍선을 터트린 후
간섭되고 분산되는 소리를

거울 반사로 녹음기로 몰아줘서
강한 소리를 녹음 가능하게 한다.

우리가 풍선을 터뜨렸을 때 이 풍선 터지는 소리를 녹음해야 한다고 가정해 봅시다. 그런데 주변에는 여러 가지 장애물이 존재할 것입니다. 그럼 풍선을 탁 터뜨리게 되면 그 소리가 건물에 흡수되고 반사되고 왜곡돼서 녹음기에 오면 녹음이 잘 안 될 겁니다. 그러면 녹음을 잘하기 위해서는 어떤 것들이 필요할까요? 첫 번째 방식은 풍선의 소리를 녹음기 쪽으로 몰아주는 방법입니다. 다시 말하면 풍선 소리가 여러 군데로 흩어지지 않도록 녹음기가 있는 쪽으로 보내는 방법입니다. 이것이 바로 풍선 뒤편의 소리까지 반사시켜서 녹음기 쪽으로 모든 소리를 집중화하여 쏴주는 방식입니다. 분산화해서 쏘는 게 아니고 소리를 모아주는 것입니다. 이것이 바로 '빔 포밍'입니다. 다시 말하면, 실제 이것의 수요처가 있는 5G 폰에 바로 전파를 몰아주는 이런 방식이 '빔 포밍'입니다. 이게 5G에 쓰이고 있습니다.

두 번째는 여러 개의 풍선을 터뜨리는 방법도 있습니다. 그래서 동시에 시간차로 풍선을 터뜨리면 아무래도 소리가 많이 들리니까 녹음하기가 편할 겁니다. 그래서 그걸 다시 재해석해서 하나의 녹음 소리로 만들어 버리는 방식이 있을 수 있습니다. 이것이 바로 '멀티플 인풋'(Multiple Input), 다시 말하면 'MIMO'의 'MI'가 되겠습니다. 그래서 실제로 5G에서는 안테나를 많이 설치하여 그걸 통해서 5G 폰한테 여러 개를 동시에 터뜨려주는 효과를 갖게 하고 있습니다.

5G의 MIMO (다중 입출력 장치) 기술의 원리

여러 개의 풍선을 터트리고
여러 개의 녹음기로 녹취한 후
하나의 소리로 합친다.

그다음에 세 번째 방법은 거꾸로 여러 개의 녹음기로 녹음해서 소리와 소리를 합해서 하나의 소리로 만드는 방법입니다. 그것이 바로 '멀티플 아웃풋'(Multiple Output), 'MIMO'의 두 번째인 'MO'가 되겠습니다. 실질적으로 5G 폰은 안테나가 많이 들어갑니다. 최소 4개 이상의 안테나가 들어가게 됩니다. 그래서 바로 이걸 '메시브 미모'라고 하는 것입니다. 굉장히 많은 양의 인풋과 단말, 여기에 서로 교감하는 안테나가 있는 것입니다.

바로 이것이 5G 기술의 가장 특징적인 '빔 포밍' 기반 '메시브 MIMO'라는 것입니다. 독자 여러분께서 풍선 터뜨리는 걸 예로 설명하니 매우 쉽게 느끼셨을 것입니다. 이것을 상식적으로 알아두셔야 합니다. 여기 그림에서 보다시피 바로 여러 개의 안테나 어레이(Antenna Array)가 있고요, 여기서 집중적으로 빔 포밍 방식으로 쏴주고 있는 메시브 미모, '메시브 미모 빔 포밍' 방식이라는 걸 알 수가 있습니다.

진실 다섯 번째입니다. "5G는 건강에 해롭지 않나요?" 전자파 중에 인간에게 해로운 전자파가 있습니다. 그리고 해롭지 않은 전자파가 있습니다. 해로운 전자파를 이온화 방사선이라고 합니다. 이온화 방사선은 뼈와 장기에까지 모두 다 침투돼 버리기 때문에 우리 몸에 손상을 줍니다. 예를 들면 엑스레이라든지 감마레이라든지 이런 방사선 같은 경우는 인간에게 아주 해로운 것으로 암을 유발하게 합니다. 그런데 라디오 전자파라든지 TV 전자파, 그리고 기존부터 우리가 쓰고 있는 스마트폰 전자파들은 비이온화 전자파입니다. 때문에 건강에는 별 문제가 없습니다.

그런데 의심을 사는 것이 있습니다. 5G는 고주파라는 겁니다. 고주파는 점점 광역대가 빨라지면서 이온화 방사선 쪽으로 움직이니까 이게 몸에 해로울 수 있지 않을까? 이렇게 생각할 수 있습니다. 그리고 또 다른 의문을 가질 수도 있습니다. "'빔 포밍' 이게 뭐야? 우리 몸에 그렇게 많은 전자파를 한꺼번에 몰아서 쏴주고 또 많은 안테나로 그걸 받아들이게 된다면 거의 우리는 전자레인지 수준에 있는 거 아니야?" 하지만 전자레인지는 600와트를 사용하고 있습니다. 5G는 어떨까요? 5G는 24GHz에서 29GHz의 스펙트럼입니다. 그러므로 반사율이 매우 높습니다. 고주파이기 때문에 오히려 저주파보다 몸에 침투가 안 된다는 이야기입니다. 또 사람의 피부는 고주파로부터 내부 장기를 보호하는 경계가 되어 줍니다. 그리고 여기에 법적 규정이 있습니다. 전자레인지가 600와트인 것에 반해서, 이 5G 전자 법적 규정에 따르면 사람 피부에 1.6와트가 흡수됩니다. 굉장히 적은 숫자 아닙니까? 그래서 괜찮다는 이야기입니다.

그렇지만 '빔 포밍'이 "몰아서 쏴주고, 많은 안테나로 받고, 이렇게 됐을 때는 이게 넘어설 수 있어서 위험해질 수 있지 않겠습니까?"라고 의문을 가질 수도 있습니다. 그렇기 때문에 이러한 전파의 법적 규정을 통신사들이 잘 지키고 있는가에 대한 지속적이고 정기적인 국가의 안전 점검은 필수라고 볼 수 있습니다. 그래야 더 안전해지기 때문입니다.

세계 보건기구(WHO)에 의하면 광범위하게 많은 연구를 했다고 합니다. 그렇지만 아직까지 전자기장에 의해서 노출되는 게 인간 건강에 해롭다는 어떤 결론은 나지 않고 있습니다. 그래서 아직은 안심할 수 있습니다.

'5G 진실'로 보는 미래 유레카

첫째, 5G 통신망은 4차 산업혁명에 있어서 변화의 가장 중요한 촉매

역할을 하고 있습니다. 이걸 우리나라에서 세계 최초로 설치하고 있습니다. 중국이 깔려다 보니까 너무 광역이고 일본이 깔려다 보니까 지진 설계, 내진 설계 이런 걸 해야 하는 어려움이 있었습니다. 그러면 우리나라가 세계 최초로 5G망을 전국적으로 깔게 되는 세계 1등 선도 국가가 될 것입니다. 그러면 우리가 여기에 많은 새로운 산업들을 시험해볼 수 있지 않겠습니까? 우리나라의 국가 발전에 굉장히 중요한 역할을 할 수 있기 때문에 5G망은 더 빨리 많이 깔아야 합니다.

두 번째, 5G 속도가 해결되려면 이제 더 많은 노력과 시간이 필요합니다. 그 이유는 5G의 기술적인 문제가 아니고, 5G가 자체적으로 갖고 있는 단점이 때문입니다. 변질될 수 있다는 것, 비가 오면 약해진다는 것, 이런 여러 가지 문제를 해결해야 하는 것입니다. 그게 바로 '빔 포밍'이고 '메시브 미모'라고 하겠습니다. 그걸 적용하기 위해서는 더 많은 노력과 시간이 필요합니다.

세 번째, 이제 우리는 5G로 새로운 산업을 창출하는 기회를 남보다 빨리 갖게 될 겁니다. 이 기회를 우리가 절대 놓쳐서는 안 되겠습니다. 이러한 5G가 우리 대한민국의 미래 경쟁력을 제고시키는 데 일익을 담당하게 되는 시간이 보다 빨리 오기를 필자는 바라고 있습니다.

동영상 강의
https://www.youtube.com/watch?v=3g-X6bCcvuI&t=507s

제6강

뜨고 지는 미래 일자리를 알아보자

미래 일자리는 4차 산업혁명의 가장 큰 영향을 받을 분야

4차 산업혁명, 특히 인공지능이 주도하는 자동화는 향후 수십 년 동안 지속적으로 경제를 변화시키면서 일자리와 노동력에 엄청난 충격을 주게 될 입니다. 미래에 어떤 분야로 진출하는가를 고민하는 젊은 이와 정책을 수립하는 정부는 다음의 3가지의 변화를 이해하고 대비해야겠지요.

1) 일자리가 사라지고 창출되는 산업질서의 재편 현상에 주목할 것
2) 비정규직 일자리 상실과 실업이 장기화되는 현상에 대처할 것
3) 고급 기술 근로자의 수요가 증가하는 산업 수요의 변화를 살필 것

미국 백악관의 'AI시대의 대비' 보고서에 따르면, 2035년에는 미국 일자리의 47%가 인공지능 기술 및 컴퓨터화로 인해 대체될 위험이 있다고 하였고, 세계 경제 포럼의 '일자리의 미래' 보고서에 따르면, 현재 전 세계 7세 이하 어린이의 65%는 앞으로 지금까지 존재하지 않았던

직업을 가질 것이라고 보았습니다. 그러나 경제협력개발기구(OECD)는 인공지능 주도 자동화는 특정 업무와 결합하여 변화시키는 것이지 직업을 대체하는 것이 아니기 때문에 일자리가 소멸되는 정도는 9%라고 전망했습니다. 즉 대부분의 일자리는 진화하거나 새롭게 창출된다는 뜻이지요.

퇴화-진화, 소멸-창출 되는 일자리 패러다임

미래에는 직업이나 직무도 기술 발달과 사회 환경의 변화에 따라 퇴화 또는 진화를 거듭하면서 발전할 것입니다. 따라서 직업의 일부가 기술 진보에 의해 바뀌면서 많은 근로자들의 가계 생활도 바뀌고, 중단기적으로 상당한 경제적 도전에 직면할 가능성이 높습니다. 이러한 일자리 변화는 소멸 → 창출 → 진화를 반복하게 된다는 것을 독자 여러분은 확실하게 이해해야 합니다.

소멸 일자리란 한 순간에 사라지지는 않지만 기술진보에 따라 천천히 없어지게 되는 업무를 말합니다. 진화 일자리란 기술 발전에 의해 직무가 현격하게 변화하여 역량 변화와 함께 발전하는 업무를 말합니다. 창출 일자리란 인간의 삶과 행동 양식의 변화에 의해서 새롭게 창출되는 업무를 말합니다.

토막상식

마차를 몰던 마부는 자동차가 진화하면서 어떻게 바뀌었을까?

산업혁명 이전에 운송수단을 담당하던 마부들은, 갑자기 등장한 증기

자동차로 인해 삶의 위협을 받게 되었다. 많은 사람들이 러다이트(Luddite, 1811년에서 1812년 사이에 영국에서 있었던 기계화와 부의 편중에 대항한 사회운동)에 참여하기도 하였지만, 시대의 흐름에 마부들은 직업을 전환해야 했다. 기존에 가지고 있었던, '말을 사육하는 역량'과 '마차를 운전하고 수리하는 역량'은 필요가 없어졌다. 즉, 마부라는 일자리는 소멸되고 만 것이다.

1차 산업혁명으로 발전된 증기 자동차는 돈 많은 자본가나 귀족들의 전유물이었다. 마부들은 전문 운전 기사로 일자리를 옮겨 새로운 운송 수단을 담당했다. 마부들은 자동차를 운전하고 수리하는 역량을 새로 습득하여 이 일자리로 옮기게 되었다.

그 증거가 오른쪽 운전과 왼쪽 운전이다. 길이 좁아 한 마리의 말로 마차를 몰기 때문에 오른 쪽에 앉아 채찍을 사용하던 영국(왼쪽에 앉으면 오른쪽의 승객을 때릴 수 있다.)은 오른쪽 운전대 자동차, 두 마리 말로 말을 몰기 때문에 왼쪽에 앉아 마차를 몰던 독일(오른쪽에 앉으면 두 마리의 말을 다루기 힘들다.)은 왼쪽 운전대를 사용하게 되었다.(위의 마부 사진과 아래의 자동차 운전대로 확인해 보라)

2차 산업혁명 시대에는 포드의 컨베이어 벨트 생산 방식에 의해 자동차가 대량 생산되면서, 소유자가 직접 운전을 하는 시대가 도래했다. 1차 산업혁명 시대의 전문 운전기사는 택시와 트럭의 운송을 담당하는 직군으로 진화해야만 했다.

택시 기사라는 새로운 일자리로 옮기기 위해 '도시의 길거리 지도'를 기억해야 했고, '교통이 막히지 않는 루트'를 예측하는 능력도 필요했다.

3차 산업혁명의 정보화 시대에는 택배와 대리기사라는 새로운 직군이 탄생하였고, 카카오 택시처럼 고객의 스마트폰과 연결하는 일자리로 변

모하였다. 또한 내비게이션의 발달로 인하여, '도시의 길거리 지도' 지식과, '교통이 막히지 않는 루트'를 예측하는 능력은 더 이상 필요가 없게 되었다. 카카오 택시 기사들은 '스마트 폰을 다루는 능력', '친절한 고객 서비스 능력'이 필요하게 되었다. 카카오 택시의 고객들이 서비스 평점을 낮게 주면, 택시 콜이 줄어들기 때문이었다.

이렇게 마부에서 택시 기사로 시대에 따라 변화된 운전 기사라는 일자리는 4차 산업혁명 시대에서는 어떻게 변화할까? 그리고 그들은 어떤 능력을 가져야 할까?

인공지능이 모는 자율 운전 자동차 시대에 운전기사들의 일자리는 소멸될 것이다. 그들은 새로운 일자리로 옮길 수밖에 없다. 예를 들어 '고객의 관광 경로 설계', '차량의 원격 모니터링' 등이 새로운 일자리가 될 것이다.

이에 따라 '이동 맵을 디자인 할 수 있는 능력'과 '인공지능과 소통하고 통제하는 능력'들이 새롭게 필요하게 될 것이다.

아래 표는 마부들이 각 산업혁명들로 인해 변화한 과정을 요약한 것이다.

시대	산업혁명 이전	1차 산업혁명	2차 산업혁명	3차 산업혁명	4차 산업혁명
이동수단	마차	단품생산 자동차	대량생산 자동차	다품종 자동차	자율 전기자동차
일자리	마부	전문 운전기사	택시 물류기사	택배 대리기사	이동경로 설계
변화	소멸	진화	진화	소멸	진화
필요	말 사육	자동차	거리 지식	스마트폰	알고리즘
역량	운전, 수리	운전, 수리	교통 예측	친절 서비스	디지털데이터

미래에 소멸-진화-창출 되는 일자리들은 무엇인가?

소멸되는 미래 일자리들

택배기사	교통경찰	보험설계사	소셜미디어 관리자	텔레마케터	핵 유출 검사원
전화교환원		단순 반복적 노동 직무			고층건물 유리닦기
드론 조종사		위험 처리 직무			도서관 사서
데스크 안내원		단순 반복적 전문 직무			여론 조사원
		안내 및 정보전달 직무			
콜센타 직원	속기사	도서관 사서	공증인	법률조사원	약사

1) 퇴화가 예상되는 직무는 다음 4가지로 분류될 수 있습니다.

첫째, 단순 반복적인 일자리는 사라질 것입니다. 인공지능과 드론 등의 무인기술 혁신에 따라 물류, 택배, 택시 등 이동과 관련된 인력은 감소할 것이 자명하겠지요? 사물 인터넷의 발전으로 건물, 시설, 도서관 사서 관리 일자리도 축소가 예상됩니다.

둘째, 위험한 일을 처리하는 일자리도 자동화로 대체될 것입니다.

로봇과 드론의 투입으로 경비, 치안 등의 현장에서 위험요소가 상존하는 직무는 줄어들 것이지만, 그 인력 자체의 축소를 의미하지 않고, 기존의 현장 외근 인력이 기계를 관제 혹은 모니터링 하는 내근직으로 이동할 것입니다.

셋째, 인공지능으로 대체될 수 있는 직무로 지식기반의 전문직종이 퇴화될 것입니다. 향후 인공지능의 도입으로 가장 타격을 입을 것으로 예상되는 직종은 회계, 법무, 약사 등의 업무입니다. 다만 자문, 컨설팅 업무와 같이 사람과 깊게 소통하는 업무는 일부만 인공지능 개인비서의 도움을 받을 뿐, 인간의 감성과 관련된 직무는 계속 유지될 겁니다. 넷째, 단순정보를 전달하는 일자리도 대폭 축소될 것입니다.

인포메이션 데스크, 텔레마케팅, 콜센터, 서류접수와 발급인력은 로봇 또는 인공지능으로 빠르게 대체될 것입니다. 실제 일본의 헨나 호텔에서는 로봇이 인간 대신 체크인-아웃 업무는 물론 객실과 고객 관리 업무를 수행하고 있습니다. 미국, 일본의 공항과 대형 쇼핑몰에서는 로봇이 고객을 안내하는 일을 맡고 있지요.

2) 진화가 예상되는 직무는 퇴화에 속하지 않는 모든 일자리가 해당될 것입니다. 인공지능 기반 자동화가 아무리 발전하더라도 인간은 여전히 여러 영역에서 인공지능이나 로봇보다 상대적 우위를 유지할 겁니다. 인공지능이 패턴을 읽고 예측을 하더라도 인간의 사회성, 창의성, 판단력 등은 따라가지 못하기 때문이지요.

그러나 4차 산업혁명의 다양한 기술들이 적용되면서 모든 직업군이 진화하는 방향은 과거 마부가 자동차 발전에 따라 진화했던 방향과 유사한 과정을 밟을 것입니다.

따라서 모든 직군에 종사하는 근로자들은 자신의 직군에 적용되어

진화하는 기술을 이해하고 다루는 능력을 갖추는 것이 필요합니다. 이러한 일자리들은 고 숙련의 과학 기술 능력을 가진 높은 수준의 역량을 요구할 가능성이 높습니다.

예술 창작물 등 섬세한 손재주를 요하는 직무의 경우 인공지능 기반 자동화로 대체되는 데 20년 이상이 소요될 것으로 보입니다. 그러나 이 직무도 3D 프린터, 가상현실 등을 활용하는 직무로 진화될 것이므로, 이에 대한 사전 대비가 필요하겠지요.

미래 사회에 창출되는 일자리들

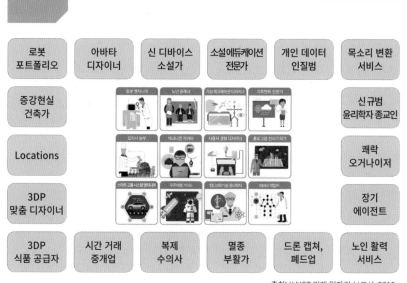

<출처: KAIST 미래 일자리 보고서, 2016>

3) 창출이 예상되는 일자리는 4개 범주로 분류될 수 있습니다.

인공지능 기술은 지혜와 창의력에 한계가 있고, 로봇은 정교한 손재주가 부족하기 때문에, 정교함과 창의성, 사회적 소통이나 사회적 지능, 그리고 일반 지식을 필요로 하는 분야에서는 새로운 일자리가 창출될 것입니다.

첫째, 인공지능이 수행한 일을 활용하여 새로운 가치를 만드는 일자리입니다.

많은 산업 전문가들은 인공지능 기술이 증강지능(Augmented Intelligence)으로서 인간의 생산성을 확대하고 도와주는 기능을 하게 될 것이라고 예측하고 있습니다. 따라서 인간이 인공지능 기반 자동화 기술과 함께 협업하고 보완하는 영역에서 다양한 일자리가 창출될 겁니다. 예를 들어 IBM 왓슨(Watson)과 같은 인공지능 기술은 암이나 질병 등을 조기에 찾아내지만, 환자의 심리상태에 따라 증상을 쉽게 풀어서 설명하고, 환자에게 적절한 치료법과 향후 치료 계획 전망을 안내하는 역할은 인간을 대체하기 어렵습니다.

운송 산업에서 인공지능 기반 자동차가 배송 물품을 이동시켜 주겠지만, 물품을 골라서 고객에게 감성과 함께 전달하는 것은 인간이 직접 서비스와 함께 수행하게 될 것입니다.

둘째, 다양한 산업과 경제 활동의 현장에 인공지능이 활용되도록 프로세스를 변화시키고, 인공지능을 개발하고 적용시키는 일자리는 사회변화에 필수적인 일자리입니다.

직감적으로 최고 수준의 소프트웨어 개발자와 엔지니어에 대한 수요가 크다는 것은 알 수 있을 겁니다. 그런데 이러한 지능형 알고리즘의 전문가뿐 아니라, 인공지능과 소통하며 그들을 가르치고 훈련시키는 직업, 인공지능이 훈련할 수 있는 데이터를 만들고 모으고 관리할 수 있는 직업에 대한 수요 또한 증가할 것입니다. 인공지능이 사회와 산업 전반에 쓰임새가 증가할수록, 적용되는 모든 분야에 인공지능을 적용시키고 조정하고 훈련시키는 관련 일자리 또한 정비례하여 늘어날 겁니다.

셋째, 인공지능 기반 자동화기기들을 모니터링, 제어, 수리하는 일자리가 창출될 것입니다.

광범위하게 이용될 인공지능이 규정대로 작동되고 있는지를 판별하고, 이상 징후를 판단하여 제어하는 일자리가 늘어나겠지요. 또한 인공지능, 자율자동차, 드론, 로봇 등 다양한 새로운 실체들을 정기적으로 수리하고 관리하는 일자리뿐 아니라 이를 폐기하고 재사용하게 하는 직종이 미래의 유망한 일자리로 창출될 것입니다.

넷째, 새로운 인간 삶과 행동의 변화를 디자인하는 일자리입니다.

4차 산업혁명의 진화에 따라 구성되는 인간과 사회의 환경은 새로운 모습으로 재구성될 것입니다. 무인 자율주행 자동차 시대에 창출되는 일자리들을 알아보겠습니다. 운전대와 조수석 그리고 뒷자리로 구성된 내부 디자인이 탑승자가 함께 이야기를 나누는 회의 공간으로 바뀌는 등 자율주행 자동차 소유자의 개별 맞춤 디자인으로 설계될 겁니다.

자율주행 자동차가 인지할 수 있는 교통 신호 체계와 여행 경로 디자이너 등이 새로운 일자리를 담당하게 되고, 또한 자율주행 자동차의 사이버 보안 설계뿐 아니라, 이동경로 변화를 식별해 내는 알고리즘 등은 새로운 직업을 이끌어 낼 것입니다.

또한 도시계획 전문가(urban planner)와 디자이너에 대한 수요가 엄청나게 늘어날 것입니다.

동영상 강의
https://www.youtube.com/watch?v=dNXoZ2lFU2E&t=23s
https://www.youtube.com/watch?v=LDWaV1iHkAI&t=145s

농업

제7강

농부와 AI의 융합, 머뭇거릴 시간이 없다!

뜨는 농업에 주목하라!

떠오르는 농업의 패러다임 변화

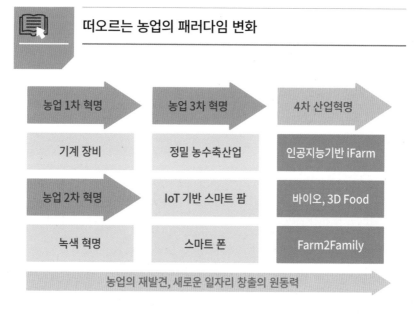

농업 1차 혁명	농업 3차 혁명	4차 산업혁명
기계 장비	정밀 농수축산업	인공지능기반 iFarm
농업 2차 혁명	IoT 기반 스마트 팜	바이오, 3D Food
녹색 혁명	스마트 폰	Farm2Family

농업의 재발견, 새로운 일자리 창출의 원동력

　농업은 인공지능과의 결합으로 가장 유망한 4차 산업혁명 시대의 촉망받는 일자리가 될 것입니다. 이제까지와는 다른 새로운 상상이 필요한 농업이라는 주제로 말씀드리겠습니다.

농업은 굉장히 어려운 산업 같습니다. 계속 노동력이 필요한 산업으로 보입니다. 그런데 노동으로 계속하던 모든 산업들은 다 기계화가 됐습니다. 그런데 왜 농업은 지난 1차 산업이 시작된 이후로 230년간 노동력을 대체하지 못했을까요? 농업은 다음과 같이 진행됩니다. 먼저 파종을 합니다. 그다음에 제초를 합니다. 그다음에 육성이라는 걸 하게 되고요, 그다음에 질병관리를 합니다. 그러고서 잘 키워진 것을 수확하고 그다음에 선별하고 선별된 걸 포장해서 판매를 합니다. 농업은 2차 산업혁명을 거쳐서 기계화가 됐습니다. 경운기, 농약분무기, 양수기, 탈곡기, 포장할 때 쓰는 포장기가 있었고요. 3차 산업혁명 시대를 맞아서는 농민이 지은 농식물을 온라인으로 일괄적으로 판매했습니다. 이것이 3차 산업혁명 시대까지 농업이 변화된 과정입니다.

그런데 거기다가 최근에 들어서는 스마트 팜이 등장했습니다. 스마트 팜은 정보화기술에 의해서 IoT도 부착하고 스마트 폰하고 연결하고 센서도 부착하고 이렇게 여러 가지를 하지만 근본적으로 육성에만 초점이 맞춰져 있습니다. 그래서 근본부터 우리가 농업을 다시 들여다볼 필요가 있다고 생각됩니다.

그러면 농업이 해결해야 할 미래 도전 과제는 뭐가 있을까요? 먼저 파종부터 살펴보겠습니다. 파종, 항상 쌀만 심어서는 안 됩니다. 그 이유는 우리나라 쌀 생산은 줄어들기 때문입니다. 소비가 줄어드니까 자연히 생산도 줄어들게 됩니다. 그러나 글로벌의 미래 인구는 점점 늘어나게 됩니다. 그래서 수출로 돈을 벌어야 합니다. 수출을 하려면 남

새로운 상상력으로 변화되는 농업 이야기

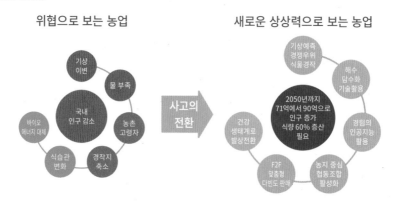

위협으로 보는 농업

새로운 상상력으로 보는 농업

사고의 전환

들이 심지 않은 작물, 또는 저쪽 나라에서 작황이 안 좋은 것을 파종해야 될 것입니다. 문제는 이런 선제적 대응이 안 된다는 이야기입니다. 두 번째, 제초입니다. 농작물이 어렸을 때 잡초를 빨리 뽑아내야합니다. 그런데 기계로는 잡초가 식별이 잘 안 됩니다. 그리고 하나의면적에 두 개 이상이 있을 때는 솎아내기를 해줘야 농작물이 잘 자라게 됩니다. 이것 역시 기계로는 안 됩니다. 인간의 노동력으로 해야 합니다. 육성은 또 어떻게 됩니까? 물 부족이 있어서 자동으로 수량 조절을 해야 하는데, 이게 앞으로 어느 정도 비가 올 것인지 잘 예측해야 됩니다. 그런 데이터와 연동해서 누군가가 이걸 도와주게 되면 농업 생산성이 증대될 것입니다. 농작물 질병관리, 이 또한 일정한 면적에 질병이 걸리면 그때서야 우리가 판별하게 됩니다. 그렇기 때문에 각종 질병이 퍼지게 되는 것입니다. 질병이 퍼진 다음에 알기 때문에 방지하기도 힘듭니다. 지금은 이런 개별 식물 관리가 안 되고 있습니다.

수확 단계도 다르지 않아요. 수확량을 사전적으로 예측해야 되고 정확하게 예측하게 된다면 가격도 더 비싸게 받을 수도 있을 것입니다. 그다음에 선별이 있습니다. 오이를 예로 들어 보겠습니다. 오이는 7가지 등급으로 나눠야 합니다. 독자 여러분은 7가지 등급으로 나눌 수 있습니까? 경험 많은 사람만 나눌 수 있습니다. 그러니까 기계화는 돼도 자동화는 안 되는 겁니다. 포장과 판매 프로세스는 어떨까요? 우리는 일괄 판매를 하고 있습니다. 농부가 농산물을 지으면 일괄적으로 한 박스를 주문합니다. 하지만 당뇨병에 걸린 사람은 모든 음식물을 조심스럽게 선택해야 합니다. 쌀도 달라야 하고 많은 음식이 달라야 합니다. 그러려면 농민들이 힘을 합쳐서 3일마다 한 번씩 공급하는 맞춤형 판매가 필요합니다만 지금 그렇게 되지 않고 있습니다. 이러한 도전 과제들이 있는데 이것이 4차 산업혁명 시대를 맞아서 획기적인 발전을 가져올 수 있습니다.

농업, 우리가 위협으로만 보고 있습니다만 이게 저성장 산업입니까? 현재 국내 인구는 감소 중이고, 기상이변은 계속되고 물은 부족하고 농촌은 고령화되면서 또한 점점 도시화가 되어 가면서 경작지가 축소 중에 있습니다. 또 사람들의 식습관이 변하면서 밥 종류는 잘 먹질 않습니다. 그리고 자꾸 바이오 에너지들이 들어오게 됩니다. 그러니까 "농업은 저성장 산업이고 농업은 힘들다"라고 판단하는 것입니다. 그러면 우리가 또 고민을 해야 합니다.

필자가 자주 하는 말 중에 '상·련·지·개'가 있습니다. 그런 관점에서 농업을 한번 고민해 보겠습니다. 국내 인구는 줄지만 2050년까지 현재의 지구 인구는 71억에서 90억으로 증가합니다. 그럼 어느 정도 식량이 필요할까요? 지금보다 60%를 더 생산해야 합니다. 이 세상에 현존하는 산업 중에서 60% 생산성, 60% 시장성이 있는 산업은 없습니다. 엄청나게 유망한 산업입니다. 기상예측은 어느 나라나 다 어렵습니다. 그런데 우리가 경쟁우위의 식물을 경작하게 되면 더 부가가치가 높을 것입니다. 물 부족 문제 역시 우리는 해수를 담수로 바꿀 수 있는 세계 최고의 기술을 가지고 있기에 해결할 수 있습니다. 바로 이런 기술을 활용해야 합니다.

농촌의 고령화된 사람은 많은 경험을 가지고 있습니다. 왜 귀농을 하면 어렵습니까? 농업에 대한 지식이 없이 귀농을 하게 되면 최소 5년 정도가 되어야 부가가치를 만들어 낼 수 있기 때문입니다. 그 고령화된 사람들의 경험을 인공지능한테 가르치게 되면 엄청난 생산성을 이룰 수 있게 됩니다.

또 이제는 자본 중심의 협동조합에서 농지를 서로 모아서 대규모로 만들어 놓고 경작하고 농지에 빌딩을 세워서 경작을 하는 형태로 변화하면 엄청난 생산성을 누릴 수 있는 것이지요. 또 가정 맞춤형, 다시 말하면 팜 투 패밀리, 농부가 직접 패밀리에 필요한 것을 개별 포장해서 판매하게 되면 부가가치를 더 높일 수 있습니다. 이렇게 새로운 상상으로 역전하면 많은 기회를 볼 수 있습니다.

그래서 다보스 포럼에서 국제 영농부문 대표 이안 프라우드풋(Ian Proudfoot)은 "앞으로 4차 산업혁명 시대에 가장 유망한 산업은 농업

농업은 현존하는 가장 성장이 높은 업종이 된다!

소멸 일자리

소멸 일자리

소멸 일자리

소멸 일자리

마케팅 & 판매

사무관리직

농업, 어업 등 1차 산업

제조, 생산

금융, 법률, 지식 서비스

건설, 철거

교육, 훈련

운송 & 물류

경영층

컴퓨터 프로그래머

예술, 디자인, 엔터, 스포츠, 미디어

설치, 유지관리

아키텍쳐, 엔지니어링

< 출처: 세계경제포럼, 2016 >

이다. 60% 앞으로 증산이 필요한데, 이제 4차 산업혁명 기술, 특히 인공지능과 함께 농업은 획기적인 전환점을 맞게 될 것"이라고 말했습니다.

또 표를 보세요. 이걸 보시면 빨간색으로 되어 있는 부분이 미래에 가장 먼저 파괴되는 일자리들입니다. 그런데 노란색으로 표시되어 있는 일자리들은 4차 산업혁명 시대에 복 받은 산업입니다. 노란색으로 돼 있는 게 2개가 있습니다. 하나는 인공지능이 대체할 수 없는 예술, 디자인, 스포츠, 이런 부분은 계속 유망할 것입니다. 또 하나는 놀라운 게 있습니다. 바로 농업, 어업 등 1차 산업, 다시 말하면 이제까지 경험이 필요하기 때문에 어쩔 수 없이 노동을 써야 했던 이런 산업들이 각광을 받게 된다는 걸 알 수 있습니다.

실제 예를 한번 볼까요? 해외의 어그테크(AgTech), 어그테크라는 건

'어그리컬처 테크놀로지'(agriculture technology)로 다시 말하면 농업 ICT 신기술을 말합니다. 2012년까지는 계속 5억 달러 수준으로 유지가 됐습니다. 그런데 4차 산업혁명 시대를 맞은 2015년에는 아홉 배나 투자액이 증가했습니다. 그 말은 농업이 유망하기 때문에 투자금이 몰려들고 새로운 혁신을 일으키고 있다는 의미입니다.

그러면 혁신이 일어나는 데는 뭐가 있을까요? 식품상거래의 변화입니다. 바로 팜 투 패밀리의 개별 포장의 식품 상거래, 그다음에 AI라든지 드론, 로보텍스, 이런 분야가 전체 투자액의 71%를 차지하고 있습니다. 그러니까 획기적으로 변모하고 있는 농업이기 때문에 우리가 관심을 가져야 합니다.

저희 카이스트는 아시다시피 농대가 없습니다. 그런데 저희 카이스트 학도 두 사람이 졸업한 후에 '만나CEA'라는 농업회사를 창업했습니다. '만나CEA'는 새로운 농업 방식을 하고 있습니다. 2014년에 이 두 사람은 진천의 장미를 재배하던 농장을 2억 원에 샀습니다. 그 당시에 농장의 매출은 7천만 원 정도였어요. 하지만 상상으로 혁신했습니다. '아쿠아포닉스'라는 수경재배 방식을 상용화시켰습니다. 수경재배를 통해서 많은 것을 변화시켰죠. 그래서 결국은 일반 작물은 20% 생산성이 오르고 특정 작물은 15배 이상 기존 재배 방식의 생산성을 증대시켰습니다. 이런 것들이 큰 차이라고 볼 수 있습니다. 더 놀라운 게 뭐겠습니까? 수조에 고기들이 논다는 거예요.. 왜 고기들을 키울까요? 남은 식물을 먹여서 나온 배설물로 배양해서 다시 유기농 비료를 사용하고 있는 겁니다. 이렇게 해서 특허를 10개 출원했습니다. 결국은 2017년에는 매출이 100억 원에 이르렀습니다. 7천만 원 하던 땅을 100억 하는 땅으로 만들 수 있는 농업의 재상상, 이것들이 우리에게 필요한 것들입니다.

미래 농업의 방향, 결정 한번 해보겠습니다. 인공지능 기반의 정밀한 농업으로 변화가 될 겁니다. 인공지능 정밀 농업을 하게 되면 최소한의 자원으로 최적의 수확, 부가가치가 높은 농업으로 변모한다는 거죠. 이를 통해서 앞으로 시장 성장이 60%나 되는 농업의 기회를 잡아야만 새로운 도약의 기회가 있을 것으로 생각됩니다.

인공지능으로 변혁되는 농업 프로세스

농업이 과정별로 어떻게 변화가 되고 있고 사례는 뭐가 있는지 농업 과정별로 살펴보도록 하겠습니다.

첫 번째 단계는 파종입니다. 씨뿌리기에서 제일 중요한 건 씨를 일정한 간격으로 뿌리는 게 아닙니다. 어떤 씨를 뿌릴 것이냐, 이게 중요합니다. 그 이후에는 다른 지역, 또는 다른 나라에 어느 정도 씨가 많이 뿌려졌느냐를 보고 결정해야 됩니다. 그것을 누가 할까요? 바로 인공지능을 통해서 얻어진 각종 정보를 통해서 우리가 분석을 하고 그걸로 예측할 수 있습니다. 실제 미국에서는 2014년에 설립된 「데카르트 랩스」라는 스타트업이 농림부보다 미국 내 옥수수 수확량을 99.9%까지 정확하게 예측하고 있습니다. 수백 개의 인공위성이 제공하는 페타 바이트 규모의 인공지능 데이터를 인구 통계, 강수량, 산불, 식수 등 수많은 변수들과 연계하여 인공지능이 분석하여 곡물의 작황 상태를 정확하게 예측하고 있습니다.

 ## 잡초를 제거하는 자율 트랙터 LettuceBot

면화가 아닌 잡초를 제거

두 번째를 보시겠습니다. 이 트랙터는 지금 뭘 하고 있는 걸까요?

이 트랙터는 대부분 파종을 하고 있다고 생각할 겁니다. 그러나 아닙니다. 이 트랙터는 인공지능 기반의 '레튜스봇'(LettuceBot)이라고 하는 겁니다. 40km 속도로 달리면서 0.02초 만에 0.635mm 반경에 있는 상추가 아닌 잡초를 제거해 가고 있는 겁니다. 또 단위 면적에 지나치게 많은 상추가 있으면 작황이 현저하게 줄어들기 때문에 건강한 것 하나만 남겨 놓고 나머지는 제거하는 이런 작업을 하고 있습니다.

지금 현재 상추와 면화에 대해서 적용을 하고 있습니다. 그런데 왜 다 하지 않을까요? 인공지능은 많은 학습이 필요합니다. 수백만 개의 상추의 어린 싹을 학습했고요, 그걸 통해서 정확도를 97%까지 향상시켰습니다. 그럼 하루에 어느 정도 큰 면적을 관리할까요? 놀랍게도 5만 평을 매일 다니면서 상추가 아닌 잡초를 제거해 주고 있습니다. 지금 현재 미국에서 생산되는 상추의 10%를 이 기계가 담당하고 있습니다.

이제 세 번째인 육성 단계를 살펴 볼까요? 육성은 어떻게 하면 되죠? 개별 식물 하나하나를 관리해줘야 합니다. 그래서 식물이 어떻게 작황이 되고 있고 어디가 잘 자라고 어디가 못 자라고 있는지를 인공지능이 판별하게 됩니다. 여기에는 몇 가지 기술이 들어가게 됩니다. 첫 번째는 컴퓨터 비전 이미징입니다. 라이다(LiDAR, Light Detection and Ranging) 기술을 이용해서 3D로 전파를 쏘게 되면 어느 작물이 질자라고 있고 어디는 못 자라고 있는지 그림에서 빨간색과 녹색처럼 보이게 됩니다. 그러면 그걸 통해서 잘 자라지 못하는 지역은 특별 관리를 해서 골고루 생산성을 높이면 될 것입니다. 이것도 인공지능이 활약하는 분야입니다.

질병단계는 어떻게 변화할 수 있을까요? 농부가 농작물이 질병이 걸린 걸 발견했을 때 스마트폰으로 찍으면 인공지능이 이렇게 대답해 줍니다. "이것은 A라는 병에 걸렸습니다. 이 병에는 이러 저러한 방법으로 바로 처방하십시오." 이렇게 알려주게 되죠. 여러분, 질병이 넓은 지역에 퍼지게 되면 강력한 치료제를 쓰게 됩니다. 그러면 가격이 떨어지겠죠. 하지만 조기에 발견하게 되면 유기농법으로 퇴치할 수 있게 됩니다. 그렇게 되면 부가가치가 더 높아지고 농가의 소득도 상승하게 됩니다.

로봇으로 건강한 딸기와 감자를 선별

▪	Good Potato	62.7%
▫	Common Scab	11.1%
■	Silver Scurf	26.0%
▫	Damage	0.2%

TODD DUCKETT

수확, 선별은 어떻게 될까요? 그림에서 보시다시피 현재는 딸기와 감자의 선별을 사람들이 앉아서 다 일일이 하고 있습니다. 노동력도 많이 들어가지만 이런 문제가 있습니다. 감자 안에, 겉은 멀쩡한테 감자 안에 곰팡이균이 들어가 있을 수도 있고 벌레가 들어가 있을 수도 있습니다. 사과를 먹다 보면 쪼갰는데 안에 벌레가 있는 걸 경험하기도 하지요. 그런데 만약 레이저 기술로 인지를 하게 되면 감자의 내부까지 확인해서 더 우수한 감자를 선별할 수 있게 됩니다. 또 등급별로 자동 분류도 가능하겠죠. 이런 것들이 이루어지고요. 딸기 수확도 로봇이 감지를 해서 잘 익은 딸기만 톡톡 끊어내는 이러한 새로운 방식의 기술이 발전하면 고령화 시대에 일손이 부족한 농업을 인공지능이 지원하는 체계가 되는 것입니다.

동영상 강의
https://www.youtube.com/watch?v=kM4pxFQD7kc&t=4s
https://www.youtube.com/watch?v=VJ5PcGDuwCQ&t=16s

제8강

AI 자율자동차, 정말로 오는 것인가?

자율주행 자동차 시대

자율주행 수준의 5단계

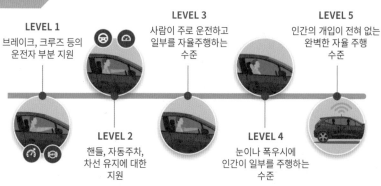

LEVEL 1
브레이크, 크루즈 등의
운전자 부분 지원

LEVEL 3
사람이 주로 운전하고
일부를 자율주행하는
수준

LEVEL 5
인간의 개입이 전혀 없는
완벽한 자율 주행
수준

LEVEL 2
핸들, 자동주차,
차선 유지에 대한
지원

LEVEL 4
눈이나 폭우시에
인간이 일부를 주행하는
수준

2019년 미국 애리조나 피닉스 시티에서 세계 최초로 860대의 무인자율 택시 사업을 하고 있는 구글 웨이모가 2020년에 62,000대의 택시 서비스를 미국 전역에 확대할 것을 발표했습니다. 그리고 거기에 따라서 앱이 출시되었다고 합니다. 이 놀랄 만한 사건, 자율주행 자동차, 정말로 오는 건가? 문제는 없는 것일까?

자율주행 자동차란 뭘까요? 우리나라의 자동차관리법 제2조에 보면, "운전자 또는 승객의 조작 없이 자동차 스스로 운행이 가능한 자동차"라고 정의되어 있습니다. 그러면 실질적으로 운전자나 승객이 전혀 조작하지 않고 알아서 움직일 수 있는 수준까지 왔는가? 이러한 것들이 중요한 논제가 되겠죠. 그래서 이번에는 자율자동차가 정말 오는 것일까에 대한 의문을 해소해 보겠습니다.

자율자동차는 어떻게 발전할까요? 무인 자율자동차는 일단 전기자동차와 합해져서 전기 배터리로 움직이는 전기 무인 자율자동차가 될 거고요, 그다음에 지금 공유경제 있지 않습니까? 렌터카라든지 우버와 같은 이런 공유경제 자동차의 형태도 흡수할 것으로 보입니다. 이러한 자동차 시장의 규모는 6000천조 시장입니다.

여러분, 어떠세요? 자율자동차를 탄다고 하면 어떤 생각이 드세요? 안전에 대한 우려가 가장 클 것입니다. 그래서 한 조사기관도 '자율자동차의 안전에 대한 고객 불신, 또는 불안을 어떻게 해소해 나갈 것인가?' 하는 게 발전의 핵심적인 동인이 된다고 이 안전 문제가 중요하다는 것을 강조합니다.

자율자동차의 수준은 레벨1부터 레벨5가 있습니다. 중요한 것은 이 표에서 보다시피 레벨4, 5입니다. 다시 말하면 레벨3는 손에 항상 운전자가 운전대에 손을 대고 있는 것이고요, 자율자동차가 주로 운전하다가 비가 오거나 아니면 눈이 오거나 이런 이상 상황이 발생할 때 알려주면 그때만 운전자가 잡는 게 레벨4입니다. 레벨5는 완전히 자동화되는, 모든 상황에 완전히 자율자동차가 움직여서 스스로 알아서 주행하는 것을 의미합니다.

구글 웨이모는 택시 사업을 하고 있습니다. 구글은 레벨4, 5만 중점적으로 개발한 회사입니다. 레벨4와 5에 도달한 안전한 자동차는 지금 구글 웨이모 하나로 알고 있습니다. 테슬라나 기타 우버, 그리고 우리나라 현대자동차의 현재 수준은 레벨2와 3에 있다고 볼 수 있습니다.

실질적으로 우버의 자율자동차는 여러 번 인명사고를 냈습니다. 2017년 3월 29일에도 사고를 냈고요, 작년 3월 22일에도 실질적으로 사망 사고를 냈습니다. 자율자동차가 아직 완벽한 수준에 도달하지 못한 것이 거의 대부분이라는 것입니다. 여러 설문조사에서도 소비자들의 가장 큰 우려는 안전문제라고 발표되고 있습니다. 보스턴 컨설팅 그룹이 2016년에 조사한 결과에 따르면 '안전성이 우려된다, 차가 실수할까봐 염려된다, 복잡한 상황에 대한 처리를 믿을 수 없다.' 라는 소비자 응답이 절대 다수를 차지하고 있습니다. 바로 안전성에 대한 문제가 자율자동차의 핵심 발전 요인이라는 겁니다. 그러면 세계 최초로 택시 면허를 받은 구글은 정말 안전할까요? 안전하다는 거죠. 구글은 가장 세계에서 먼저 2012년 5월 8일에 네바다주에서 면허를 받았습니다. 면허판 보이시죠? '∞ AU001'이라는 면허를 받지 않았습니까. 이 차는 벌써 거의 9년 동안 도로 실제 주행에 성공했습니다. 이 자동차가 가장 안전한 차로 레벨4와 레벨5의 수준에 도달했다고 알고 있습니다.

2018년 캘리포니아의 자율자동차 주행 거리

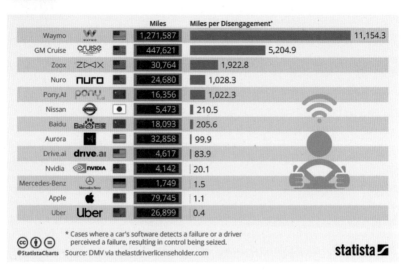

이 그림을 보시면 2018년 캘리포니아의 실제 자율자동차들이 주행한 거리들이 나오게 되는데 가장 압도적으로 많은 게 구글 웨이모입니다. 그런데 여기 순위를 보시면 테스트는 많이 했는데 실제 자율자동차의 실력 차는 주행 거리와 상관이 없습니다. 왜냐하면, 지금 막대그래프로 표시된 것들은 사람의 간섭 없이 자율자동차가 홀로 다니는 것을 뜻합니다. 구글 같은 경우에는 11,000마일 이상을 그냥 혼자 달릴 수 있다고 합니다. 그러면 11,000마일을 우리나라 킬로미터로 환산하면 얼마나 될까요. 15,000km 정도를 혼자 다닌다는 이야기입니다. 이 정도면 굉장히 안전하다는 결론입니다. 그것에 비해서 2위인 제너럴 모터스는 절반 수준이고, 맨 밑에 있는 우버는 0.4마일, 다시 말하면 600m 달릴 때마다 사람이 손을 잡아줘야 한다는 겁니다. 그러니까 안전하지 못하다는 거죠. 이런 레벨들이 점점 테스트돼서 올라와줘야 다른 자동차 회사들도 자율자동차를 실제 도로에서 달릴 수 있습니다. 우리나라 현대자동차는 지금 어느 정도 수준까지 왔을까요? 지금까지 고속도로만 달렸습니다. 실제 일반 거리를 뛰어야 우리가 그 실력을 볼 수가 있는 것입니다.

구글 웨이모는 1,000마일당 인간 개입 비율이 가장 낮습니다. 그 비율도 점점 떨어져서 지금은 거의 인간이 개입하지 않고 가는, 완벽한 레벨4의 수준에 도달했다는 걸 알 수 있습니다. 이건 구글과 일반 자동차 회사의 생각의 차이에서 일어난 결과입니다. 구글은 처음부터 인공지능 자율자동차가 잘 움직이기 위한 부속이 뭘까 하는 것을 고민했습니다. 다시 말하면 자동차 속을 비워 놓고 거기다가 새로 담았습니다. 기존 자동차 메이커들은 3만 개 이상 되는 부품 중에서 어느 걸 빼야 자율자동차가 잘 다닐까를 생각했습니다. 이런 사고에 대한 기본 차이가 이런 실력의 차이까지 이어졌다고 분석이 됩니다.

그러면 구글 웨이모로 시작해서 이제 점점 테스트가 많아지게 되면 자율자동차가 많이 늘어날 것입니다. 이렇게 늘어나게 되면 가장 큰 위기를 맞는 것은 자동차 보험회사입니다. 지금은 자동차 보험을 개인이 들고 있습니다. 만약 인공지능 자율자동차끼리 부딪혔다고 가정했을 때 누구의 책임입니까? 운전자는 인공지능을 훈련시키지도 않았고, 운전대에 손을 대지도 않았으니까 운전자 책임은 아닙니다. 이제 미래는 자동차 보험은 사라지고 제조사 책임으로 바뀔 겁니다. 그래서 보험

업계도 변화하지 않으면 커다란 타격을 받게 됩니다. 두 번째는 고속도로 휴게소의 이용객도 적어질 것입니다. 인간은 피곤하면 쉬어야 하는데 자율자동차는 피곤하지 않지 않습니다. 그래서 휴게소도 없어지게 될 사업입니다. 또한 자동차 정비업이나 부품업계도 힘들게 될 것이고, 주유소도 이제 앞으로 사라지는 일자리 중의 하나가 될 것입니다. 버스, 택시, 트럭 기사들도 점점 다른 직업으로 대체되는 일자리가 될 겁니다. 그리고 특히 렌터카, 공유경제 자동차, 택배, 대리기사 등등, 이런 긱 이코노미에 관련된 일자리들도 위기의 일자리에 속하게 됩니다.

피닉스시티(Phenix City)의 시민들의 반응 변화가 상당히 재미있습니다. 타기 전에는 안전이 우려된다고 했다가, 실제로 2만 명에 대해서 조사를 해 보았더니 "놀랄 만한 기술이다." 두 번째는 "불안할 줄 알았더니 이제 안전한 세상이 올 것 같다"라는 시민들의 반응이 있었습니다.

2018년 시장조사기관 ABI의 발표에 의하면 자율자동차의 실제 적용은 2020년 현재 110만 대 수준에서 2035년에는 4,200만 대로 급격하게 증가할 것으로 예상하고 있습니다.

이런 자율자동차는 왜 그렇게 급격하게 증가될 수밖에 없을까요? 바로 지구환경, 그리고 에너지 문제 때문에 그렇습니다. 우리나라의 경우에도 교통혼잡비용이 18조 원에서 4년 만에 21조로 증가했고요, 차량 증가에 따라서 미세먼지도 계속 증가하고 있습니다. 또 60세 이상의 고령 인구들이 차를 몰다 보니까 그분들이 사고를 많이 내고 있습니다.

그리고 교통사고 사망자 수도 늘어나고, 또 라스트 마일(Last Mile) 문제, 다시 말하면 우버라든지 택배 양이 늘어남에 따라서 더 혼잡하고 지구는 더 환경이 나빠지게 될 것입니다. 그래서 이제 교통수단은 스마트해야 하고, 또 환경문제가 해결돼야 하고, 안전하고, 그다음에 사람들을 보다 편리하게 만들어 주는 자동차의 교통환경이 필요한 시점이 되겠습니다.

자율자동차 보급이 활성화되면 공유경제 자동차의 킬러 서비스가 돼서 2025년이 되면 공유 자동차의 25%는 이런 무인 자율자동차로 대체될 것으로 예상하고 있습니다.

구글만 하더라도 내년까지 10억 달러의 매출을 올릴 것으로 예상됩니다. 2025년이 되면 다시 10배, 100억 달러 이상의 매출을 기록할 것으로 예상되고 있습니다. 다시 말하면 자동차 시장의 새로운 경쟁자입니다. 앞으로는 구글이 주도하는 이러한 새로운 자동차 시장으로 변모할 것으로 예상되고 있습니다.

자율자동차가 등장해서 위협받는 일자리를 앞에서 살펴보았습니다. 가라앉는 일자리도 있지만 떠오르는 일자리도 있습니다. 몇 개만 살펴보도록 하겠습니다. 첫째는, AI 알고리즘 엔지니어가 뜨겠죠. 두 번째는 디지털 트윈, 이런 자율자동차들이 움직이게 되면 그걸 다시 관리하는, 즉 인공지능이 관리하는 그런 디지털 트윈 비즈니스도 앞으로 더 커질 것입니다. 이제 주유소가 가라앉으면 전기 배터리 산업이 늘어날

자율자동차 시대의 부상하는 일자리

Digital Twin Business
고기능 차량 정비 산업
센서 산업

전기 배터리 산업 차량 인테리어

Platform 자동차 서비스
Wellness & Healthcare, Fitness, Insurance, Food, 회원제 공유 자동차

것입니다. 그다음에 차량 인테리어가 변할 것입니다. 지금의 차는 전부 운전대가 앞에 있고 앞면만 보고 있지 않습니까. 이제 앞으로 차는 휴식 공간, 일하는 공간, 작업 공간, 대화 공간, 이런 식으로 바뀌게 될 겁니다. 그래서 개별 맞춤형으로 차량 인테리어도 바뀌게 될 것입니다. 또 센서 산업도 발전할 거고, 도로 표지판도 인간이 인지하는 것이 아니고 자율자동차들이 인지할 수 있는 새로운 표지판이라든지 실내 도로 맵, 정비 산업도 이제 자동차, 드론 등 다양한 물체들을 고기능으로 정비하는 이런 산업들로 탈바꿈될 것입니다. 그만큼 그쪽의 일자리도 늘어나게 될 것입니다.

자율 주행 자동차가 발전하니까 이제 글로벌 주도권을 잡기 위한 국가 간 자율주행 자동차에 대한 경쟁이 치열해지고, 각국 정부들도 이러한 자율자동차가 실제 도로를 달릴 수 있는 면허를 줘서 실제 주행

을 하도록 유도하고 있습니다. 여기 지도에 보이는 많은 나라들이 실시하고 있습니다. 물론 주도는 미국이 하고 있지만, 아시아만 하더라도 싱가포르는 이미 2016년부터 하고 있지 않습니까. 중국도 상하이에서 시작했습니다. 일본도 도쿄에서 자율주행을 허락했습니다. 이렇게 국가 간 자율주행 경쟁이 심화되고 있는 이유는 그만큼 자동차 산업이 중요한 산업이기 때문입니다.

우리나라는 실제 도로를 달리기 위해 정부가 '케이 시티'라는 자율자동차 시범운영장을 화성시에 만들었습니다. 거기서 자율주행차 60대가 운행허가를 받아서 지금 71만km를 시험 주행을 했습니다. 그런데 중요한 건 도로 주행입니다. 실력을 빨리 검증받는 차들이 도로로 나와서 도로 주행을 해봐야 하는 건데, 여기에는 두 가지 문제가 있습니다. 하나는 우리가 혁신을 빠르게 받아들이는 정책적 문제이고, 또 하나는 그 정도의 도로를 달릴 수 있을 정도로 어떻게 레벨업을 할 것이냐 하는 것입니다. 바로 이런 것들이 미래 자동차 시장을 선점하기 위한 선결 과제이고, 좀 더 열린 마음으로 규제 개선을 빠르게 해야 하는 이유가 되는 것입니다.

이번에는 자율자동차가 안고 있는 해결 과제들을 몇 가지 살펴보겠습니다.

첫 번째 해결 과제는 자율주행 자동차는 환경 적응력에 아직 문제가 있다는 것입니다. 레벨5까지 가려면 눈이 올 때나 폭우가 쏟아질 때에도 도로의 차선과 표지판들을 어떻게 인지할 수 있는가의 문제를 해결

해결 과제 2: 자율자동차의 안전 문제

해커 공격에 대한
방어 능력

인공지능
작동 오류 방지

자율 자동차
실력에 대한 **검증**

다양한 사고에 대한
배상 책임

해야 합니다. 또 동물이 덤벼들 때 동물에 어떻게 반응할 것인지도 문제이고, 또한 도로가 갑자기 변화되는 상황도 있습니다. 싱크홀로 도로가 갑자기 무너지면 기존에 있는 도로 정보가 순식간에 변화하게 됩니다. 이 변화된 것을 어떻게 빨리 감지해서 자율주행 자동차가 그걸 인지하도록 할 것이냐. 이런 환경 적응력의 해결 과제가 있습니다.

두 번째는 자율자동차의 안전 문제가 확보되어야 한다는 이야기입니다. 안전 문제는 네 가지로 볼 수 있습니다. 해커 공격에 대한 방어 능력. 나는 집으로 가려는데 갑지기 헤커로 인해 판문점을 넘고 있으면 어떻게 되겠습니까? 이건 아주 큰 문제가 되지 않겠습니까? 두 번째는 '자율자동차들의 실력을 어떻게 검증할 것이냐?' 다시 말하면, 실증 단지에서 테스트를 하고 실제 '도로에 나올 만한 수준을 어떻게 검증할 것이냐?' 하는 것이 필요한 것입니다. 너무 완벽하게 하면 자율자동차의 국가 경쟁력을 잃어버리고 너무 느슨하게 하면 도로에서 발생될 피해가 우려됩니다. 그래서 '어떻게 적정한 기준을 마련할 것이냐?' 하는 게 중요합니다. 세 번째는 인공지능의 작동에 오류가 생겼을 때 어떻게 이것을 멈추게 할 것이냐. 예를 들어서 '킬' 스위치를 눌러서 작동을 멈춰야 하는데, 도로 주행 중에 이게 멈추면 어떻게 될 것이냐, 이러한 오류 방지에 대한 확고한 지침이 있어야겠습니다. 네 번째는 사고가 나게 되면 배상 책임은 바로 제조자의 책임입니다. 지금은 그런 것이 법률적으로 안 되어 있습니다. 그래서 그런 법률적인 정비도 필요한 시점이라고 볼 수 있습니다.

해결 과제의 마지막은 자율자동차의 숨겨진 문제입니다. 구글 웨이모가 우리가 왜 다른 회사보다 뛰어난가를 자랑하는 점입니다. 그것은 바로 주차입니다. 주차 공간은 여러분들도 잘 아시지만 내비게이션이 도와줄 수 없는 공간입니다. 그렇기 때문에 거기는 자율적으로 주차 공간에 알아서 들어가서 해결을 해내야 합니다. 다른 하나는 만약 공항에 자율자동차가 주차를 한다고 하면, 무슨 문제가 있죠? 실내 내비게이션이 작동할 수 있는 지하공간의 맵이 있어야 하겠죠? 그래야 실내에 들어가서 지하 공간까지 들어가 거기다 세울 것 아닙니까? 또한 세울 수 있는 주차공간을 인지해야 합니다. 지금은 "지하 3층에 3대가 여유가 있습니다." 인간은 인지할 수 있지만, 자율자동차한테 인지 가능하도록 연결해 줘야 할 것입니다. 마지막은 주차비용 정산을 어떻게 할 것이냐 하는 문제입니다. 이런 문제를 복합적으로 해결할 수 있도록 해야 자율자동차가 실제로 모든 상황에서 작동하는 레벨 5의 조건이 되는 것입니다.

자율자동차의 미래 유레카

첫째는 자연환경 변수, 다시 말하면 눈이 오고 폭풍이 오고 이런 변수 때문에 완벽한 레벨5는 시간이 더 필요합니다. 많은 시간이 필요하겠죠.

그런데 두 번째, 레벨4 정도의 자율 전기 자동차는 탄소 절감 문제, 사회 안전 문제, 그리고 지구환경 문제, 이런 문제들의 해결이 시급하기 때문에 예상보다 급격하게 빨리 올 것입니다. 그래서 여기에 우리도 발빠르게 대응해야 합니다.

세 번째, 자율자동차의 변화는, 또 이러한 시대의 도래는 단순하게 자율자동차의 문제만이 아니고 다양한 일자리의 소멸 그리고 또 다른 일자리의 창출에 영향을 주게 될 것입니다. 거기에 대비해서 사회적 안전장치와 역량의 변화 그리고 사업 방식의 변신, 이런 것들이 필요할 것으로 예상됩니다. 그리고 우리나라 정부는 현재 떨어져 있는 우리의 자율자동차 시장을 높이기 위해서 기존의 자동차 메이커뿐만이 아니고 스타트업들에게 더 많은 기회와 더 좋은 환경을 제시해 줄 필요가 있다는 것을 말씀드리고 싶습니다.

동영상 강의
https://www.youtube.com/watch?v=gyLvifPNenE

제9강

꿈틀거리는 미래 금융

디지털화가 필요한 금융

 성장률이 낮아지는 위기의 전통 금융업

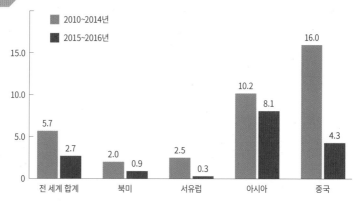

이번 제 9강에서는 '꿈틀거리는 미래 금융'이라는 주제로 여러분과 함께 금융이 어떻게 변화되고 있는가에 대해 살펴보는 시간을 갖겠습니다.

사실 금융업은 근래에 들어서 핀테크, 또는 테크핀과 함께 변화가 급하게 진행되고 있고, 기존 전통 금융이 점점 쇠락세가 두드러지고 있습니다. 2016년 다보스포럼에서 BBVA 은행의 프랜시스코 곤잘레스 은행장은 "은행이 디지털화 하지 않으면 모두 망할 것이다. 향후 10년 안에 현재의 금융 관련 직군의 일자리는 절반 이상이 사라질 것이다"라고 전통 금융 시장이 변화가 시급하다는 것을 말한 바 있습니다.

2019년에 「맥킨지 컨설팅」이 2010년부터 지난 10년간 은행의 매출성장률에 대해 분석결과를 발표하였습니다. 위 그림에서 보듯, 전 세계 금융 성장률은 5.7%에서 2.7%로 3%가 낮아졌습니다. 전통 금융업은 지역별로 많은 지점이 있고, 장소와 사람을 기반으로 사업을 영위하고 있습니다. 그런데 스마트폰이 등장하면서 이러한 자본우위의 경쟁력이 유명무실화 되고 있습니다. 스마트폰을 이용한 새로운 금융서비스인 '카카오페이', '삼성페이', '네이버페이'가 고객과의 접점에서 비약적 성장을 함에 따라, 전통 은행과 카드회사들은 쇠락의 위기에 처하고 있습니다. 당연히 수익률도 낮아지고 역성장하는 현상이 보이고 있습니다. 여기에 코로나19 이후에 저소득 시대에서 고객은 예적금을 취소하고 보험 가입을 꺼리게 되면서 금융이 위기에 빠질 수 있는 것입니다.

그래서 전통 금융의 CEO들이 미래에 가장 중요시 하는 우선순위에 대해 62%가 새롭게 변화를 해야 한다고 말하고 있고, 지금 즉시 변화를 못 하면 안 된다고 말하고 있습니다. 두 번째 순위는 금융산업은 고객에게 지금과는 완전히 다른 방식으로 접촉해야 한다는 것입니다. 세 번째로 지점이 폐쇄되기 시작하면서 이제 워크포스(Workforce),

금융 CEO가 생각하는 혁신의 10대 방향

지능형 보안

관리자 없는 조직

지점 없는 은행

디지털 스토어

개인침해 없는 보안

은행원 없는 은행

담보 없는 대출

수수료 없는 서비스

자문가 없는 투자

중계 없는 결제

인공 지능

지루함 없는 경험

브랜드 없는 선택

블록 체인

직원의 관리 방법도 변화되어야 한다고 말하고 있습니다.

금융 CEO들이 생각하는 은행의 주요 혁신 과제들을 보면 거의 대부분이 4차 산업혁명의 디지털 기술들을 활용하여 혁신을 꾀하려는 것을 알 수 있습니다.

지점 없는 은행은 '오프+온+AI'를 융합한 옴니채널 방식의 디지털 서비스 대변혁(1부 7강 참조)을 꾀하려는 것입니다. 은행원 없는 은행은 핀테크(FinTech)를 과감하게 도입하고, 인공지능 서비스를 통하여 개인고객 맞춤형 서비스를 도입하려는 것이지요. 그리고 중계 없는 결제 블록체인 기술과 비트코인 기술을 받아들여서 획기적으로 디지털 기반 금융으로 변신하려는 전략이라고 볼 수 있습니다. 마지막으로 자문가 없는 투자 서비스는 로보어드바이저(robo advisor, 1부 5강 참조)를 통하여 소액 투자자에 대한 지원을 강화하고자 하는 것이라 볼 수 있지요.

주요 혁신 과제를 보면, 이제 은행은 디지털 기술의 도입, 조직의 변화 그리고 일처리의 프로세스 등 모든 부분의 혁신을 통해 전통 금융의 서비스 체제를 근본부터 변화하려는 것으로 볼 수 있다는 것입니다. 이것을 무엇이라고 부른다고요? 바로 DX(디지털 전환)이지요? 이 용어가 생각이 안 나시는 분들은 2부 2강의 '디지털 전환, 왜 모든 기업들이 몰두하는가?'를 참조하시기 바랍니다.

그래서 가트너 그룹은 이렇게 예측했습니다. 2021년까지 금융기관의 직원 수는 35%가 감소하지만, 그 시장의 규모는 더 커질 것이라고 말입니다. 전통 금융시장인 은행이나 보험의 기능은 점점 약화되고 이제 새로운 핀테크로 무장된 은행들, 또는 보험들, 이런 금융이 나타나면서 오히려 더 성장할 것이라는 이야기입니다.

사실 디지털 혁신을 주도하는 측면을 봐도 지금 혁신을 주도하는 것은 물류, 유통, 미디어입니다. 오히려 은행이 뒤따라가는 형태입니다. 따라서 현재 전통 금융은 대대적인 디지털 전환을 통해 서비스의 큰 변화를 할 것으로 판단됩니다.

지금부터 변화 세 가지를 살펴보겠습니다. 첫 번째는 신규 진입자들이 게임의 법칙을 바꾼다는 것입니다. 여기 그림에 보이듯이 전통 은행들은 지점이라는 자산을 가지고 서비스를 하고 있습니다. 이는 수익률이 낮습니다. 그런데 이제 새로운 기술을 가진 플랫폼 사업자들이

AI가 보험상품을 개발하고 파는, 중국의 Zhong An

< 2013년, 핑 앤, 텐센트, 알리바바 (Alibaba)가 공동 설립 >

오히려 높은 수익률과 높은 매출을 이룩하고 있지 않습니까? 이렇게 게임의 법칙이 바뀌고 있습니다. 이와 관련된 사례를 살펴보겠습니다.

제일 유명한 사례가 완전히 새로운 개념의 보험회사, 바로 중국에서 나타난 '종안'(Zhong An)입니다. 이 '종안'은 2013년에 핑 안(Ping An), 텐센트(Tencent), 그리고 알리바바(Alibaba)가 공동으로 설립했습니다. 이러한 여러 회사들이 왜 갑자기 보험 사업에 뛰어들었을까요? 이 '종안'은 제품 설계에서부터 보험금을 청구 및 지불하는 서비스에 이르기까지 모두 인공지능으로 하고 있습니다. 굉장히 놀라운 일입니다. 이 보험회사는 인공지능을 기반으로 토털 서비스를 시작한 세계 최초의 보험회사입니다. 더욱이 전례 없는 성장을 해서 3년 반 만에 고객 수가 자그마치 5억 명이 됐습니다. 판매한 보험 상품이 82억 개나 됩니다. 이는 엄청난 숫자입니다. 그런데 더 놀라운 것은 온라인으로만 상품판매를 한다는 것입니다. 오프라인이 없습니다. 지점이 없다는 거죠. 그럼 누구랑 연결할까요? 200여 개의 플랫폼 사업자들하고 연결되어 있습니다. 이 플랫폼 사업자들은 누구냐면, 전자상거래업체인 '타오바오', 여행업체인 'CTRIP', '샤오미', '텐센트' 등입니다. 이러한 곳들과의 연결로 85%의 매출수익을 내고 있다는 겁니다.

또 하나의 특징은 신상품 개발을 엄청나게 많이 하고 있다는 것입니다. 200개가 넘는 신상품을 계속 개발했습니다. 그 사례로, 월드컵 기간 중에 훌리건으로부터 피해를 입으면 보상을 해 주는 훌리건 보험이라는 상품도 만들었습니다. 또 인공지능이 개별 고객 행동을 하나하나다 체크해서 고객이 무엇에 관심이 있는지 검색도 체크도 합니다. 플랫폼에서 일어나는 엄청난 거래 데이터를 분석해서 완전히 고객 맞춤으로 보험을 제공해 줍니다. 그래서 여기에 가입된 고객들은 1인당 평균 10개 이상의 보험에 가입되어 있다는 것입니다. 굉장한 이야기입니다. 더욱 놀랄 만한 사실은 현재 직원이 1,700명인데 52%가 기술자라는 사실입니다. 그에 비하여 영업 사원은 불과 5%밖에 되지 않습니다. 이 회사야말로 진정한 디지털 회사라고 말할 수 있습니다.

다른 사례를 하나 더 알아보겠습니다. 현재 파괴적 플랫폼 모델 사업자들이 일상 상거래에 많이 등장하고 있습니다. 우리나라에도 '카카오페이', '삼성페이', '네이버페이' 등 여러 가지 형태들이 있습니다. 이들은 앞으로 더 세를 확장해서 금융시장을 변화시킬 것으로 예상됩니다. 향후 모바일 결제가 고객들의 주머니와 지갑을 대체할 것으로 보여 모바일 결제시장에서 IT 공룡들의 주도권 싸움이 가열될 전망입니다.

벌써 '카카오뱅크'만 해도 700만 명이 넘었다고 합니다. 이렇게 새로운 회사들은 무슨 특징이 있을까요? 고객에게 편리한 서비스를 온라인을 통해서 잘 제공할 줄 안다는 겁니다. 또한 새로운 경험 창출에 능숙합니다. 혁신을 밑밥으로 먹고 사는 사업자라고 볼 수가 있습니다. 이런 사업자들에 의해서 금융은 또 다시 요동치게 될 겁니다.

전혀 금융과 상관없을 것 같은 기업들도 새로운 경쟁자가 될 수 있습니다. 그중의 하나가 '스타벅스'인데요. '스타벅스'의 고객들은 자동충전이라는 기능을 사용합니다. 예탁 금액이 1만 원 이하가 되면 저절로 3만 원이 충전되는 서비스를 받고 있습니다. 이 서비스로 예탁금을 갖고 있는데, '스타벅스'는 현금으로 12억 달러의 고객 예탁금을 가지고 있습니다. 이것은 미국의 시중 은행들보다도 오히려 높은 수치입니다. 이게 향후에 어떻게 될까요? '스타벅스'도 금융 강자가 될 수 있다는 이야기입니다. 이제 금융시장의 각종 규제가 풀리게 되면 이렇게 엄청난 경쟁자들이 나타나게 될 겁니다.

두 번째 변화를 살펴보겠습니다. 새로운 디지털 고객 서비스를 제공하는 것입니다. "경쟁사보다 우리는 차별화된 서비스를 하고 있습니다." 은행의 80%는 이런 얘기를 하고 있습니다. 그런데 고객들은 8%만이 실질적으로 이를 느끼고 있을 뿐입니다. 다시 말하면 앞으로 4차 산업혁명 기술에 의해서 새로운 디지털 고객 경험을 제공하게 되면 72%는 이탈한다는 이야기입니다.

전 세계의 50개 글로벌 은행 중의 4분의 3, 즉 75%가 이러한 디지털 고객 경험으로 바꾸고 있습니다. 그런데 그중에서 가장 유명한 회사가 '무븐'(Moven)입니다. 이 회사는 지점이 없습니다. 놀라운 것은 뭐냐 하면, 이 은행은 고객의 재무 건강에 대한 정보를 제공해 주고, 돈을 벌어 준다는 겁니다. 이 은행 앱의 첫 화면에 들어가면 소비보다 지출이 많은 고객에게 이런 이야기를 합니다. "당신은 파산하게 생겼습니다. 지금까지 번 돈보다 쓰는 돈이 더 많아요." 이렇게 얘기를 해 주는 거죠. 그래서 '절약' 버튼을 선택하면 나만을 위한 인공지능이 나타납니다. 인공지능은 고객에 대한 지출 데이터를 가지고 그의 재무 건강을 증진시켜 주는 겁니다. 바로 이 회사는 이런 서비스를 제공할 수 있는 겁니다.

예를 들어서 스마트폰을 들고 걸어가고 있는데, 갑자기 벨이 울려서 보니까 "당신이 좋아하는 포도주가 700m 떨어진 상점에서 2+1입니다"라는 정보를 주면 그 사람은 당연히 그것을 사지 않겠습니까. 또 공동구매도 해 주고요, 여러 가지 기능을 통해서 고객의 재무 건강을 지켜주게 됩니다. 이제 은행은 단순히 돈을 맡겨서 그것을 불려주는 형태를 넘어서야 한다는 이야기입니다. 이것이 바로 새로운 고객 경험의 한 형태라고 볼 수 있습니다.

마지막 변화 세 번째는, 지점의 역할이 바뀌게 될 겁니다. 2008년 이후에 미국의 금융회사들의 지점이 하루에 3개씩 없어졌습니다. 지금까지 10년 동안 1만 개가 없어졌습니다. 13% 감소했습니다. 우리나라의 경우는 어떨까요? 우리나라는 지난 5년간 500개가 감소했고요, 1년만 해도 7천 명이 해고됐습니다. 이렇게 은행의 지점 수는 계속 감소하고 통폐합될 수밖에 없습니다. 그 이유는 이제 자산으로 사업을 잘 영위할 수가 없기 때문입니다. 그렇기 때문에 지점의 역할은 이제 앞으로 바뀌게 될 겁니다.

예를 하나 들어보겠습니다. 커피숍 같은 경우, 내가 이 커피숍을 90번 방문했다고 하면, 새로운 서비스 마케팅을 하지 않습니까? 금융도 유통에서 배운 새로운 고객 서비스들, 또 새로운 형태의 고객 경험의 변화, 이런 것들이 본격화될 것으로 예상됩니다.

미래 금융의 유레카

4가지를 살펴보겠습니다.

첫째, 지사가 점점 줄어들고 바뀌게 될 겁니다. 그러니까 이제 앞으로 미래 금융은 지사의 역할이 변화된다는 이야기입니다. 다시 말하면, 지사를 이용하는 고객의 수를 늘리는 게 아니고, 지사를 사용하는 고객 수를 감소시키려는 변혁을 해야 합니다. '노르딕'(Nordics) 같은 경우에는 금융 고객 중 90%가 현재 디지털로 제품을 구매합니다. 왜냐하면 온라인, 스마트폰과 같은 신기술을 사용하는 고객의 연령대가 점점 높아지고 있기 때문입니다. 그래서 이러한 형태가 보편화될 것으로 보입니다.

두 번째는 앞에서 보았던 '무븐'처럼 새로운 고객 경험을 제공해 줘야 합니다. 만족도가 높은 고객은 기존 은행에 새로운 계정을 개설할 확률이 두 배 이상이 된다는 겁니다. '무븐'이 이러한 예의 하나가 됩니다.

세 번째로 무엇을 배울 수 있었습니까? 고객과의 관계를 잘 맺어야 한다는 것입니다. 다시 말하면, '종안' 보험회사에서 보았듯이 개인화와 실시간 연결 능력을 강화해서 개인별 맞춤 서비스 형태로 변화해야 합니다.

마지막 네 번째는 뭐였습니까? 핀테크 또는 테크핀과 같이, 전통 금융회사가 테크놀로지를 붙이거나, 테크놀로지에 의한 새로운 금융회사가 탄생하는 등 이와 같은 '게임 체인저'(Game Changer)가 앞으로 4차 산업혁명 시대를 맞아서 본격 가동된다는 거죠. '스타벅스', '삼성 페이', 이러한 새로운 형태의 서비스들, 새로운 경쟁자들에 의해서 금융 비즈니스는 이제 본격적으로 꿈틀거리면서 새롭게 발전할 것으로 예상됩니다.

동영상 강의
https://www.youtube.com/watch?v=yy04fZjMuNI&t=316s

에너지

제10강

지구를 살리는 에너지 산업의 미래

에너지 산업의 미래

파리협정, 2020 신기후체제의 출범

> 핵심목표: 저탄소, 청정 에너지 체계로 전환하여
> '화석 원료 기반' 경제를 탈피

이번 시간에는 신에너지 미래 사업에 대하여 살펴보겠습니다.

2018년 「산업자원부」는 에너지에 관련한 새로운 투자 정책을 발표했습니다. 여기의 기본적인 내용을 보면, '신기후 체제 대응', '미세먼지' 이러한 사회적 이슈가 있었습니다. 이것들을 해결하기 위해서 이제까지의 석탄, 원자력 중심에서 신재생 청정에너지 중심으로 전환하도록 투자를 확대했다고 합니다.

여기서 '신재생 에너지'란 뭘까요? 풍력, 수력, 태양열, 이런 것들이 신재생 에너지입니다. 그래서 이제 안전하고 깨끗한 에너지로 전환하겠다고 해서 2017년에 1조 4천억, 2018년에는 1조 6천억으로 증대를 해서 이 분야를 집중 투자 육성하겠다고 했습니다. 그 내용을 보면, 농촌의 태양광 및 주민참여형 신재생 에너지 사업을 강화하고, 아울러서 태양열과 같은 부분을 에너지 저장 장치, 스마트 그리드, 발전단가 절감, 이런 것들을 통해서 기존 에너지 사업을 더욱 진흥시키고 고도화하겠다, 그리고 여기에 관련된 비즈니스 창출을 도모할 계획이다, 이렇게 발표했습니다. 상당히 새로운 사실 아니겠어요? 그러면 왜 우리가 이런 정책을 펴야 하고 여기에는 어떤 사업기회가 있을까요? 또 외국에서는 이런 것과 관련된 어떤 사업을 새로 시작하고 있을까요? 이런 것을 알게 되면 더 많은, 새로운 비즈니스 기회를 발견할 수 있을 것입니다.

먼저 신기후 체제라는 것부터 살펴보겠습니다. 반기문 전 사무총장이 UN에 있을 때 2015년에 파리협정을 맺었습니다. 이것은 뭐냐 하면, 2020년부터 새로운 기후 관리 체계로 변신하자는 것입니다. 이것의 핵심 목표는 저탄소 청정에너지 체계로 전환해서 화석원료 경제 기반에서 탈피하자는 이야기입니다. 화석원료란 석탄, 석유, 이런 것들이 되겠죠. 그렇다면 왜 이런 것에서 벗어나야겠다는 정책을 펼 수밖에 없을까요? 1차 산업혁명 때부터 3차 산업혁명이 끝날 때까지 230년 동안 지구가 얼마나 뜨거워졌을까요? 0.8도가 높아졌습니다. 0.8도라 그러면 수치적으로 잘 이해가 안 되실 텐데, 이것이 진행되어서 2도가 되면 어떻게 되겠습니까? 2도가 되면 지구상에 있는 식물의 20%가 멸종합니다. 3도가 넘으면 인간도 살기가 힘듭니다. 왜 그럴까요? 우리 몸을 생각해 봅시다. 36.5도의 체온에서 2도가 높아져서 39도에 가까워지면 고열에 시달리게 됩니다. 마찬가지 현상이 지구에도 일어날 수밖에 없다는 겁니다. 따라서 우리가 새로운 에너지 체계로 변신해야 한다는 것이 신기후 체제입니다. 그렇다면 왜 우리나라가 요즘 이것을 중요하게 생각해야 하는가에 대해서 먼저 살펴보겠습니다.

재생에너지 불량국가 한국

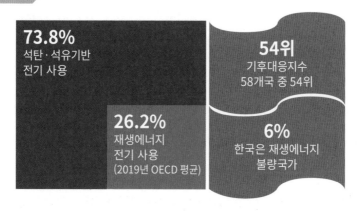

73.8%
석탄·석유기반
전기 사용

26.2%
재생에너지
전기 사용
(2019년 OECD 평균)

54위
기후대응지수
58개국 중 54위

6%
한국은 재생에너지
불량국가

2018년을 기준으로 해서 우리나라 에너지 사용 현황을 간단하게 살펴보면, 우리나라는 자생해서 쓰는 에너지가 거의 없습니다. 97%를 해외에서 수입합니다. 그런데 그중에서 66%가 화석에너지입니다. 놀라운 사실이죠? 우리나라에서 사용하는 에너지의 거의 대부분을 차지하는 것이 석탄·석유·가스입니다. 풍력, 수력과 같은 대체 에너지 전기생산은 6%에 불과합니다. 원자력은 13%입니다. 그런데 이 부분은 더 확산할 수 없다는 것을 우리는 알고 있습니다. 그러니까 우리는 1%에 불과한 재생에너지를 더 확대해야 한다는 숙명적인 과제를 안고 있는 것입니다.

그 이유는 우리나라가 이렇게 높은 비율로 화석에너지를 사용하고 있기 때문에 기후대응 불량국으로 낙인찍혀 있습니다. 우리나라는 기후대응 지수에서 58개국 중 54위입니다. 더군다나 지난 5년 동안 계속 하락해서 23단계나 내려갔습니다. 그래서 앞으로 2020년에 파리협정이 발효되기 시작하면, 청정에너지 사용이 적은 회사들은 지구를 더럽히는 것에 대한 분담금을 내야 합니다. 이 분담금을 계산해 보면 엄청난 국가적 손실이 야기된다는 겁니다. 따라서 우리가 이제 새롭게 변모하지 않으면 안 되는 것입니다. 때문에 신재생 에너지는 국가적, 숙명적 과제가 될 수밖에 없는 것입니다.

그래서 여기에 저희 카이스트에서도 「카이스트 리빌드 코리아 2017」이라는 보고서를 냈는데, 그중에서 기후 에너지 분야에 대해서 이렇게 얘기했습니다. "앞으로 에너지 전환을 하지 않으면 엄청난 국가적 손실이 있다. 4차 산업혁명 시대를 맞아서 그린 빅뱅을 본격화해야 한다. 따라서 탄소 제로, 전기자동차, 에너지를 저장하고 또 자기가 만든

에너지를 개인과 개인 간에 거래를 할 수 있도록 하는 등의 새로운 에너지 정책을 만들어 내야 한다." 이렇게 카이스트에서도 연구 보고서를 낸 바가 있습니다. 그만큼 중요한 문제가 되기 때문입니다. 그래서 산자부에서 낸 계획은 시의적절하고 굉장한 큰 촉매가 되어서 여기에 관련된 사업이 융성하고 활발해질 것으로 예상됩니다.

이와 관련해서 다른 나라에서는 어떤 변화가 있는지 살펴보게 되면 우리도 사업 기회를 파악할 수 있습니다. 우리보다 앞선 나라, 앞선 기업들이 하고 있는 사례들을 몇 가지 살펴보겠습니다.

도시의 모든 건물이 에너지를 만든다!

독일의 SUN-AREA 프로젝트

독일정부는 태양광발전이 적합한 모든 지붕에 태양광 장치가 장착되어 있다면, 도시 전기 필요량의 70%를 충족시킬 수 있다고 분석하고 이를 전국에 확산중

먼저 독일에는 'SUN-AREA 프로젝트'가 있습니다. 이 프로젝트는 굉장한 가치도 있고 사회 기여도도 굉장히 높기 때문에 글로벌 상을 많이 수상했습니다. 'SUN-AREA 프로젝트'가 뭐냐 하면, 독일의 전국 가정의 옥상을 분석했습니다. 태양광을 얼마나 이용하는가, 태양에너지를 얼마나 축적해서 사용할 수 있느냐를 조사한 것입니다. 인공위성이나 드론, 비행기, 헬리콥터 등을 이용해서 스캔해서 보게 되면,

지붕의 각도에 따라서, 또는 일조량에 따라서 어느 정도 태양열을 충전할 수 있는지 알 수 있을 것입니다. 그림에서 보다시피 붉은색으로 나온 지붕들은 굉장히 많은 에너지를 충전할 수 있는 지붕이라는 겁니다. 이 조사 결과를 바탕으로 독일 정부는 도시에서 필요한 전기의 70%를 개인 가정 및 빌딩에서 만들어 낼 수 있다고 했습니다. 그러면 도시 에너지의 70%가 청정에너지로 되고, 더불어 수입량도 엄청나게 감소할 수 있습니다. 이처럼 놀라운 효과가 있다는 겁니다. 이렇게 되려면 어떻게 해야 할까요? 태양열을 충전하는 설비를 지붕에 설치해야 합니다. 하지만 많은 사람들이 이를 귀찮아하며 꺼려합니다. 그렇다면 뭔가 있어야 할까요? 개인 간 에너지를 사고팔 수 있는 시장을 만들어야 할 것입니다. 그래서 우리나라도 이를 계획하고 있습니다. 여기에 놀라운 사업 기회가 많이 있을 것으로 판단됩니다.

실질적으로 이런 P2P(peer to peer) 거래, 즉 개인 간 에너지 거래를 위한 장터가 블록체인 기술 기반으로 해서 이미 호주에서 만들어졌습니다. '파워 레저'(Power Ledger)라는 회사입니다. 이 회사는 사람들이 자기가 만든 전기를 다른 사람과 공유해서 사고팔 수 있는 시장을 만들었습니다. 이런 플랫폼도 새로운 사업 기회 중의 하나라고 볼 수 있습니다.

또 다른 사례로는 풍력에 대한 다양한 기술의 발전을 꼽을 수 있습니다. 여러분이 많이 알고 계시는 아마존은 전 세계에서 B2B 클라우드 서비스, 다시 말하면 데이터를 저장해 놓고 내가 마음대로 쓸 수 있는 사업자 세계 1위입니다. 이 아마존 웹서비스에서는 각국에서 운영되는 자기들 서비스의 100%를 신재생 에너지로 활용하겠다고 했습니다. 그래서 텍사스에 풍력발전 단지, '아마존 윈드팜(WindFarm) 텍사스'를 2017년 말에 완공했습니다. 여기에서 실질적으로 풍력에 의한 전기를 만들어서 자기들의 모든 컴퓨터에 들어가는 에너지를 전부 바꾸겠다는 계획을 발표했습니다.

날개 없는 풍력발전: 보텍스 블라드리스

제조비용
50% 절감

운영비용
50% 절감

유지보수비용
90% 절감

<출처: Vortex Bladless의 날개 없는 풍력발전기 설치 현장>

　그럼 풍력에 대해서 한번 생각해 볼까요. 여러분도 한 번쯤 풍력발전기를 보신 적이 있을 겁니다. 풍력발전기를 보면 커다란 프로펠러가 돌아갑니다. 여러분, 선풍기 돌아갈 때 어떤 소리 들리세요? 어떤 분은 선풍기 소리에 민감해서 잘 때 선풍기를 못 틀기도 합니다. 그러니 이 풍력발전기는 얼마나 소리가 크겠습니까? 실제로 제주도에서는 너무 시끄러워서 잠을 못 자겠다고 민원을 제기하는 주민들도 있습니다.

그러면 뭔가 기술적으로 변화가 필요합니다. 그래서 이에 대한 다양한 기술들이 발전되고 있습니다. 이 또한 하나의 사업 기회가 되겠지요. 이에 대해 소개해 드리겠습니다.

여러분, 날개가 없는데 바람이 나오는 선풍기 보셨죠? 그러면 풍력발전기도 돌아가지 않고 될 수는 없을까? 이런 생각 안 드세요? 바로 이런 것들이 만들어지고 있습니다. 스페인 기업인 「보텍스 블라드리스」(Vortex Bladless)라는 회사는 회전 날개가 없는 풍력발전기를 만들었습니다. 이 풍력발전기는 막대 모양처럼 날개가 생겼습니다. 이 날개가 바람에 흔들리면서 미세한 진동이 일어나면 그 힘을 발전기로 이용합니다. 이렇게 만들게 되면 기존의 풍력발전 터빈보다 제조비용이 50%나 절감되고, 운영비용은 51% 절감됩니다. 또한 부속 교체 회수가 낮아집니다. 왜냐하면 날개가 회전하다가 망가지는 이런 손상이 없기 때문에 실질적으로 유지보수비용은 거의 90%가 절감됩니다. 또한 매년 풍력발전 프로펠러로 죽는 33만 마리의 새들의 희생을 줄일 수 있습니다. 이런 기술들이 만들어지고 있고 이로 인해 놀라운 변화가 일어나고 있습니다. 이것도 사업 기회로 볼 수 있습니다.

또 한 가지 풍력발전의 새로운 기술이 있습니다. 바로 구글이 하고 있는 겁니다. 구글은 이런 걸 왜 할까요? 구글은 엄청난 데이터 센터를 전 세계에 가지고 있습니다. 25개가 넘는 데이터 센터가 있는데 거기에 들어가는 에너지량이 엄청납니다. 이에 구글은 100% 재생에너지를 가지고 쓰고 있는데, 앞으로 에너지는 더 많이 필요할 것입니다. 그래서 2013년에 구글은 풍력 터빈 회사인 「마카니」(MAKANI)를 인수했습니다. 이 회사는 하늘에 드론을 연처럼 띄워 놓고 돌리면서 프로펠러의 회전을 통해 에너지를 받아 오게 하고, 그것을 개인 가정 또는 회사에서 에너지원으로 활용할 수 있게 하는 놀라운 기술을 개발했습니다. 이건 어떤 효과가 있을까요? 기존 풍력 터빈보다 90% 비용이 절감되고 50%나 더 많은 발전량을 실현할 수 있다는 겁니다. 이렇듯 새로운 청정에너지로 전환되면서 다양한 기술들이 발전되고 있고, 이것은 신기후 협정 체제에 의해서 굉장히 큰 사업 기회로 촉발될 것으로 예견됩니다.

네 번째는 인공지능이 에너지를 절감하는 도움을 줄 수 있습니다. 구글의 데이터 센터에 알파고가, 더 정확히는 알파고의 뇌인 '딥마인드'가 들어갔습니다. 사람들이 데이터 센터를 효율화시키려고 굉장히 노력했는데 큰 성과가 없었습니다. 그런데 '딥마인드'가 들어가서 3개월 동안 학습을 하더니 40%까지 효율화시켰다는 소식입니다. 엄청나죠? 그래서 전력량이 15%나 감소했다는 겁니다. 이는 15% 이상 더 많은 컴퓨터를 사용할 수 있다는 이야기입니다. 그러니까 굉장히 효율적이라고 볼 수 있습니다. '딥마인드'가 시작하면 에너지 효율이 굉장히 절감되고, 다시 빼면 에너지가 다시 원위치 되고, 이런 엄청난 효과를 실질적으로 발표했습니다. 이렇게 인공지능의 도움을 받아서 에너지를 절감하는, 이런 것도 새로운 사업 기회로 볼 수 있겠습니다.

다섯 번째는 또 인공지능을 이용해서 소비원천을 줄이는 겁니다. 도

신호등을 인공지능이 제어하는 피츠버그시

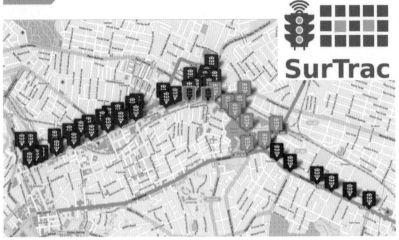

1. 다양한 센서들의 연결   2. 미세한 교통 흐름을 인공지능으로 해결
3. 일시적 도로 막힘을 인지하고 해결   4. 보행자들의 흐름까지 연계

시에서 가장 큰 에너지 낭비가 두 개가 있습니다. 하나는 빌딩입니다.
또 하나는 자동차입니다. 이 두 개가 굉장히 많은 에너지를 쓰고 있습니다. 빌딩 문제는 어떻게 해결할 수 있을까요? 앞에서 보았다시피 구글처럼 인공지능을 활용해서 에너지를 낮추거나, 다양한 풍력 터빈을 이용해서도 낮출 수 있습니다. 또 태양광, 이런 것을 통해서 빌딩의 에너지는 절감할 수 있습니다. 움직이는 자동차는 어떻게 절감할까요? 첫째는 전기자동차 이용률을 높이는 것입니다. 그런데 전기자동차를 전체적으로 확산하려면 시간적인 여유가 필요합니다. 지금 당장 쓸 수 있는 기술은 인공지능입니다. 이것을 구현한 것이 바로 미국의 피츠버그시입니다. 피츠버그시는 「카네기멜론 대학교」(Carnegie Mellon University)와 협업하여 2011년부터 5년 동안 '서트랙'(Surtrac)이라는 지능형 도로교통 흐름 통제를 위한 프로젝트를 진행했습니다. 신호등 또는 CCTV, 다양한 교통 상황이 주어져 있습니다. 이런 데이터는 우리도 있습니다. 그런데 이 데이터를 인공지능이 분석해서 차가 막히기 전에 인공지능이 신호체계를 변경시키는 겁니다. 그렇게 해서 사전에 막히는 것을 방지해 주는 것을 보고 5년 동안 더 실시해 봤습니다. 그 결과 평균적으로 자동차 운전 시간이 24시간 감소했습니다. 차량 정차율과 대기 시간도 40% 이상 감소됐고, 차량의 탄소가스 배출도 21% 감소했습니다. 놀랍지 않습니까? 우리도 데이터가 없는 게 아닙니다. 데이터도 있습니다. 또 신호체계도 항상 일정합니다. 이거를 인공지능이 관리해 주면 도시 전체의 탄소가스 배출을 줄일 수 있습니다. 다시 말하면 우리나라 미세먼지 문제도 해결할 수 있습니다. 「산업자원부」 정책을 보면 미세먼지 해결을 위한 다양한 사업 지원책도 마련되어 있습니다. 이런 인공지능을 개발하는 것도 좋은 사업 기회가 아니겠어요? 그래서 이런 사업 기회도 우리에게 주어질 수 있다는 걸 타산지석으로 알 수 있습니다. 이와 같이 다섯 가지를 우리가 살펴봤습니다.

어떤 유레카가 올까요?

세 가지로 요약해 보겠습니다.

첫째, 2020년부터 발효되는 신기후 협정 체제는 엄청난 사업 기회를 우리에게 줍니다. 둘째, 앞으로 발생되는 안전하고 깨끗한 에너지로 전환하려는 우리나라 국가 정책은 여러분이 생각하는 비즈니스 빅뱅의 수요처입니다. 그래서 국가 정책에 우리가 적극적으로 참여하고 또 새로운 아이디어를 만들어 내면 여러분에게 많은 기회가 있을 것이라고 생각합니다. 셋째, 4차 산업혁명과 신에너지 정책은, 또 신에너지 사업 기회는 떼려야 뗄 수가 없습니다. 다시 말하면 인공지능, 드론, 블록체인, 어떻습니까? 사례에서 보았듯이 혁신의 촉매제가 될 수 있다는 걸 발견할 수 있었습니다.

동영상 강의
https://www.youtube.com/watch?v=hyZRHsyXmHY&t=257s

제11강

별 다방 스타벅스의 별다른 마케팅

스타벅스의 디지털전환 전략

Did you know? – 하워드 슐츠가 만든 신화

- 2017년 27,000개 이상의 매장과 220억 달러(24조 원)의 매출
- 일주일에 9천만 건의 거래
- 2021년까지 37,000개로 성장할 계획
- 1982년 마케팅 이사로 참여
- 1987년 스타벅스 인수
- 2008년 CEO 복귀

여러분 스타벅스 많이 다니시죠? 우리가 흔히 '별 다방'이라고 부르고 있습니다. 이 별 다방 스타벅스의 별다른 4차 산업혁명 디지털 전환 전략이라는 내용으로 살펴보겠습니다.

스타벅스는 2017년 현재 전 세계에 27,000개 이상의 매장을 가지고 있습니다. 또 220억 달러의 놀라운 매출을 기록하고 있습니다. 일주일에 스타벅스에서 일어나는 거래 수만 해도 거의 1억만 건에 육박하는 9천만 건입니다. 그런데 여기서 멈추지 않고 2021년까지 1만 개가 더 늘어나서 37,000개로 성장할 계획을 가지고 있습니다.

스타벅스의 CEO가 하워드 슐츠(Howard Schultz, 1953~현재)입니다. 이분은 우리가 흔히 창업자로 알고 있지만 사실 창업자가 아닙니다. 스타벅스는 1971년에 만들어졌습니다. 처음엔 시애틀에서 드립 커피로 시작했습니다. 이게 1980년대에 들어서 패스트푸드 프랜차이즈로 확장할 계획을 세웠을 때 하워드 슐츠가 마케팅 이사로 들어옵니다. 하워드 슐츠는 스타벅스가 드립 커피가 아니고 스팀 커피로, 그 다음에 호숫가에 세워져야 할 것이고 도시 한복판에 들어가서 일하는 사람들이 즐겁게 음악을 들으면서 좋은 커피를 마실 수 있게 한다는 콘셉트로 큰 성공을 이룹니다. 그러면서 1987년에 스타벅스를 본인이 인수하고 발전시키게 됩니다. 여기까지의 발전은 바로 이분에 의해서 이루어진 것입니다. 하워드 슐츠는 마케팅 전문가이고 마케팅을 전공하시는 분들은 스타벅스의 마케팅 전략이 얼마나 별다르고 독특한가를 배우고 있습니다.

하워드 슐츠는 스타벅스가 어려움에 처했던 2008년에 다시 현장에 복귀합니다. 복귀하자마자 여러 가지 전략을 내놓는데, 4차 산업혁명 시대를 맞아서 내놓은 전략이 바로 '디지털 플라이휠'(Digital Flywheel)입니다. 여기서 플라이휠은 기계장치들, 이동장치들이 돌아갈 때 구동되는 엔진을 의미합니다. 이 플라이휠이라는 전략은 크게 네 가지로 구성되어 있습니다. 주문·결제·보상·개인화. 이 네 가지 축으로 구성된 전략을 통해 스타벅스는 2016년에 기술 인력만 해도 1,000명을 신규 채용하게 되는 등, '디지털 퍼스트' 즉 4차 산업혁명의 새로운 디지털 변신을 가장 강력하게 추진하는 기업이 되었습니다. 그러면 스타벅스의 이 '디지털 플라이휠' 전략이 어떤 내용인지 하나하나 살펴보겠습니다.

스타벅스의 Digital Flywheel Strategy

2016년 기술인력 1,000명을 신규 채용해
'디지털 퍼스트 전략'을 강력하게 추진

보상
매일 고객과 고객이
연결되는 강력한 보상 실시

개인맞춤
개별고객에 맞춤형 오퍼링
과 소통 서비스를 제공

결제
세계에서 가장 쉽고
반응적인 방법을 구현

주문
세계에서 가장 빠르고
편리한 방식의 구현

첫 번째는 주문입니다. 주문의 비전은 세상에서 가장 빠르고 편리한 방식을 구현하자는 내용으로 구성되어 있습니다. 이것을 위해서 2014년에 새로 나온 서비스가 있습니다. 여러분도 아마 이용하시는 분들 있으실 텐데요, '사이렌 오더'(Siren Order)라는 것입니다. 스타벅스

매장에 가서 줄을 서 있는 대신 모바일로 미리 주문해 놓고 남들보다 그 주문한 커피를 빠르게 받을 수 있는 방법입니다. 여러분이 잘 아시는「별 그대」에서 도민준이 이러한 사이렌 오더를 통해서 자기 애칭을 정하여 부르는 걸 볼 수가 있습니다. 여러분의 별칭은 무엇이죠? 저는 '남다른 열정'입니다. 이렇게 주문하는 방법에 있어서도 계속 새로운 방법을 모색하고 있는데, 제가 차고 있는 갤럭시 기어가 처음에 나왔을 때 첫 번째 비즈니스 앱도 바로 이 스타벅스였습니다. 스타벅스도 갤럭시 기어를 통해서 바로 주문할 수 있도록 이렇게 오더를 가장 빠르고 편리한 방식으로 계속해서 구현해 나가는 특징을 가지고 있습니다.

두 번째는 결제입니다. 결제의 비전은 가장 쉽게, 또 고객과 계속 반응하는 결제를 하겠다는 것입니다. 스타벅스는 2009년에 모바일 지불 시스템을 처음 도입했습니다. 현재까지 1천 7백만 명의 활성 사용자가 있으며, 월간 700만 건 이상이 거래되고 있습니다. 다양한 결제 수단, 또 신용카드로도 결제할 수 있는 이런 모바일 결제를 가지고 있는데, 독특한 점이 있습니다. 쓰시는 분은 알겠지만 여기에 자동 충전이라는 기능이 있습니다. 자동 충전은 자기가 일정 금액을 정해 놓고 일정 기간, 또는 매월 특정한 날짜에 정해진 기간에 계속 업그레이드가 돼서 자동으로 충전되는 겁니다. 저 같은 경우에는 2만 원 이하가 되면 자동적으로 4만 원이 충전되게 하는 이런 시스템을 갖고 있습니다. 이런 결제 시스템을 통해서 많은 현금을 보유할 수 있는 강점도 갖게 되었습니다.

2017년 3분기, 스타벅스 18%의 고객이 모바일 회원입니다. 그런데 이 사람들이 전체 매출의 36%를 차지합니다. 굉장하죠? 18%가 36%를 차지한다는 건 무슨 뜻이겠습니까? 모바일로 인한 주문과 결제가 그만큼 강력하다는 것입니다. 또한 이를 통해 여러 가지 편의적인 서비스를 제공해 주기 때문에 더 많은 매출이 일어나는 것입니다.

스타벅스에 비교해서 '던킨 도너츠'를 살펴보겠습니다. '던킨 도너츠'는 모바일 회원이 11%입니다. 스타벅스와 7%밖에 차이가 나지 않습니다. 그런데 전체 매출에서 회원이 차지하는 비율은 3%에 불과합니다. 엄청난 차이가 있습니다. 이게 바로 스타벅스와 던킨 도너츠의 모바일 실력 차이라고 볼 수 있습니다.

세 번째는 보상입니다. 보상의 목적은 매일 고객과 연결되도록 하여 강력한 보상을 제공하자는 것입니다. 보상 프로그램에 가입한 고객의 지출은 전체적으로 20% 이상 증가했습니다. 더 많은 지출을 계속하고 있다는 증거입니다. 그리고 앱 사용자는 일반적인 고객보다 평균 3배나 많은 돈을 스타벅스에 지출하고 있습니다. 이만큼 모바일을 통한 주문, 결제, 보상 등등이 잘 연결되어 있어서 모바일을 사용하는 사람은 스타벅스에 더 애착을 갖게 되고 스타벅스의 정기적인 고객이 된다는 것입니다. 바로 이런 점에서 '디지털 플라이휠'의 강력한 능력을 알 수 있습니다.

스타벅스의 보상 프로그램 중에서 아주 유명한 것이 있죠? 11월만 되면 다이어리를 받느라고 정신없습니다. 또 '금년의 별자리' 등도 유명한 보상 프로그램입니다. 그런데 여기에 재미있는 사실이 있습니다.

이 보상 프로그램을 할 때에는 주변 사람들이 자기가 가지고 있는 별을 지인에게 줄 수 있다는 겁니다. 이렇게 어떤 사람이 다이어리를 타고 싶을 때 주변 사람들을 동원하게 되면 결국 이로 인해 더 많은 고객이 발생합니다. 이처럼 더 많은 고객을 끌어들이는 보상 프로그램을 유지하고 있다는 것도 상당히 독특한 점이라고 볼 수 있습니다.

이러한 주문, 결제, 보상과 관련된 스타벅스의 데이터를 확인해 볼까요? 모바일 페이먼트 고객의 3분의 1이 모바일을 통해 '사이렌 오더'를 이용하고요, 또 3분의 2는 모바일로 결제하는 멤버로 활동하고 있습니다. 또한 전체 고객의 6분의 1은 보상 프로그램에 가입되어 있습니다. 이건 굉장한 능력 아니겠습니까? 이러한 스타벅스의 '디지털 플라이휠' 전략의 성공은 스타벅스가 지속적으로 발전하고 전 세계적으로 매장을 확장하는 데 큰 도움을 주었습니다.

네 번째는 개인 맞춤형입니다. 개인 맞춤형 오퍼링을 하고 소통하고 서비스를 구현하자는 게 기본적인 목표입니다. 스타벅스는 고객이 주문한 호감도와 주문 빈도를 파악하고 있습니다. 그래서 고객 한 사람 한 사람에게 맞는 개인화된 제안과 마케팅 자료를 보내서 더 많은 판매를 유도하는 게 특징입니다. 그 결과 3배 이상의 모바일 충성도를 유지하고 그 고객들이 매출을 일으키고 있습니다. 일주일에 9천만 건의 거래를 분석합니다. 고객 계층별로 무엇을 사는지, 어디에서 구매하는지, 구매 방법은 무엇인지를 분석합니다. 그래서 이걸 가지고 날씨, 프로모션, 가지고 있는 재고, 현지 이벤트를 종합해서 실제 고객에게 더 나은 맞춤 서비스를 한 사람 한 사람에게 제공한다는 것이 스타벅스의 특징입니다. 이를 통해 스타벅스의 많은 음료와 여러 디저트를 조합하면 87,000개나 된다고 합니다. 이 87,000개의 독특한 조합을 통해서 개인화된 맞춤 오퍼링을 하겠다는 것이 스타벅스의 개인 맞춤형 전략이 되겠습니다.

점포 개설 평가 대상 위치의 소비자 인구 통계, 인구 밀도, 소득 수준, 교통 패턴, 대중 교통 정류장 및 상점 / 비즈니스 유형에 대한 데이터 분석

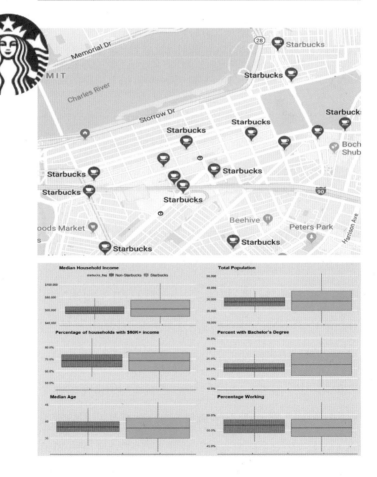

이 외에 스타벅스의 디지털 전환 전략의 특징을 몇 가지 더 살펴보 겠습니다.

서울 강남구의 강남역에서 삼성역까지 이르는 길이 테헤란로입니다. 이 테헤란로에만 17개의 스타벅스 매장이 있습니다. 왜 이렇게 매장이 몰려 있을까요? 전부 직영점인데. 실제로 전 세계에 있는 스타벅스의 점포들을 보면 반경 1.6km, 즉 1마일 이내에 평균 3.6개가 있다고 합 니다. 그만큼 몰려 있다는 것입니다. 왜 스타벅스는 이렇게 몰려 있을 까요? 이런 현상이 나타나게 된 데이터 분석의 근거가 궁금합니다. 스 타벅스는 어떤 점포를 내고자 할 때 평가 대상 위치의 소비자들의 인 구 통계, 인구 밀도, 소득 수준, 그것뿐만이 아니라, 교통 패턴, 대중교 통 정류장의 위치, 주변 상점과 비즈니스의 형태, 이런 모든 데이터를 분석합니다. 그래서 특정 위치에 대해서 사람들이 얼마나 걸어 다니는 지, 또 한 사람당 평균 고객 지출을 전부 예측해서 개업할 매장의 경 제적 타당성을 판단합니다. 어느 곳을 보면 매장이 바로 길 건너편에 마주 있고, 주변에 서너 개씩 몰려 있기도 한 이유가 이처럼 독특한 빅 데이터 기반의 상권 분석 때문입니다. 그리고 이러한 점 때문에 스타 벅스는 데이터 분석을 잘하고 있는 전형적인 업체로 평가됩니다.

또 스타벅스는 2016년부터는 가정용 배달까지 하고 있습니다. 현 재 시애틀, 워싱턴 두 군데에서 하고 있는데, '포스트 메이트'(Post Mates)라는 업체와 파트너십을 맺어서 가정에서 주문하면 배달까지 해주는 서비스를 하고 있습니다. 이러한 서비스의 의도는 무엇일까요? 이에 대해 향후에 가정에서 스타벅스를 만들어 먹는 IoT 기반의 스타벅스 밴딩머신까지 진출할 것으로 전문가들은 예상하고 있습니다.

2017년에는 인공지능 기반 서비스인 '마이 스타벅스 바리스타'(My Starbucks Barista)를 내놓았습니다. 이를 통해 스타벅스 앱에서 인공지능 챗봇을 통해서 주문을 할 수 있게 되었습니다. 2,500만 대나 팔린 아마존의 '에코' 있지 않습니까. 이 '에코' 스피커에도 연결이 돼서 가정에서 주문하면 배달해 주고, 또 집을 나설 때 주문해 놓으면 원하는 장소에서 그것을 픽업할 수 있는 서비스를 하고 있습니다. 우리나라에서도 삼성의 '빅스비' 인공지능이 스타벅스 주문을 도와주고 있습니다.

2018년부터는 새로운 계획을 추진하고 있습니다. '디지털 메뉴 보드'라는 것입니다. 이 메뉴판이 시간에 따라서 동태적으로 변한다는 겁니다. 다시 말하면 이 디지털 메뉴 보드는 시간대, 날씨 등을 기준으로 해서 메뉴들을 변화시켜 보여줍니다. 더울 때는 차가운 음료, 추울 때는 따뜻한 음료, 이런 것들을 시간적으로 달리 나타내는 겁니다. 가격도 재고에 따라서 동적으로 변경하겠다는 계획입니다. 상당히 놀랍죠? 이러한 디지털 메뉴 보드도 새로 시작하고 있습니다.

스타벅스의 변신 유레카

첫째, 4차 산업혁명은 고객 개인에게 맞춰주고 다연결 및 다양하게 연결하는 시대입니다. 이제 모든 사람들은 왼손의 스마트폰으로 연결하고 머리로 생각합니다. 즉, '호모사피엔스'(Homo sapiens)에서 이제 '포노사피엔스'(phono sapiens)로 변했습니다. 그래서 이제 기업들도 고객의 왼손과 연결하는 새로운 혁신을 할 필요가 있다는 것입니다.

두 번째로 배운 것은 데이터 기반의 경영을 강화하라는 겁니다. 스타벅스는 어땠습니까? 데이터를 기반으로 해서 주문·결제·보상, 그리고 여기에서 나오는 모든 데이터와 외부 환경 데이터를 연결하지 않았습니까? 이를 활용해서 점포의 남다른 위치 선정, 남다른 고객 서비스를 창출하는 데 썼다는 것입니다.

셋째, 스타벅스는 끊임없이 신기술을 도입해서 새로운 고객 경험을 창출해 왔습니다. 모바일, 스마트워치, 인공지능 로봇, 디지털 미러 등 다양한 기술을 통해 새로운 고객의 경험을 창출함으로써 계속해서 성공을 모색하고 있다는 것입니다. 이러한 끊임없는 변신 전략, 이것이 우리가 스타벅스에게서 배울 수 있었던 유레카였습니다.

동영상 강의
https://www.youtube.com/watch?v=5T3o_u5y4uE

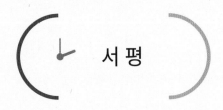

서 평

KAIST 경영대학 명예교수 **김 성 희**

코로나 이후의 미래 변화에, 대한민국에서 경제적 활동을 영위하는 모든 사람들에게, 코로나가 미치는 영향에 대하여 경제·사회·산업의 복합적이고 담론적 관점에서 명쾌한 통찰력을 이 책은 보여 주고 있다. 또한, 'AI와 5G가 여는 미래 세상이 코로나19로 인해 촉발되고, 코로나 이후 문제들을 해결하는 열쇠가 된다'는 시각은 디지털 기술에 능통한 미래학자만이 줄 수 있는 예리한 시각이다.

글로벌 경영환경 변화가 중국의 리스크에서 시작하고, 이는 '코로나19의 엔터프라이즈 버전'으로 기업병이 퍼지게 된다는 것은 미처 생각하지 못하지만, 이 책은 이러한 미래 변화를 예측할 수 있게 한다. 중국의 글로벌 제조 허브 역할의 종말, 지속적인 미·중 패권 전쟁, 기업의 매출 부진은 부채가 세계 1위인 중국 기업들의 도산을 야기할 것이고 2차 금융위기로 이어질 것이다. 수출과 수입의 중국 의존도가 1위인 우리나라는 지금부터 수출과 수입의 중국의존도를 낮추고, 부채 비율을 낮추는 데 총력을 기해야 한다는 것에 공감하고, 정부와 기업들은 이에 대비하는 정책과 전략을 시급히 수립해야 한다는 것을 느끼게 된다.

개인 삶의 변화와 행동 변화는 많은 일자리가 상실되어 소득 저하 시대가 되고, 우리의 일터에서 변화가 일어난다는 두 가지 관점을 제시하고 있다. 비정규직의 일자리 상실은 쉽게 회복되지 않고, 기업 매출 부진은 종업원 해고와 무급 휴직으로 이어질 수 있으며 이는 곧 중산층의 몰락이 될 수 있다. 따라서 기업들의 신규 채용도 낮아질 것이고, 젊은이들의 실업률도 늘어날 것이다.

세계 90%이상의 컨벤션이 취소되고, 콜센터가 멈춰서면서 기업들은 자신들의 신제품을 알리고 고객을 대응하는 현재의 방식이 매우 위험하다는 것을 직접 체험하게 되었다는 시각에 미래학자의 한 사람으로서 동의하는 바이다. 이것을 해결하기 위해 글로벌 가상협업 플랫폼이 등장하고, 인공지능이 콜센터에서 가장 먼저 활동하게 될 것은 공감이 가는 미래 변화의 제시이다.

떠오르는 산업은 코로나로 인하여 변화되고 각광 받을 3개의 산업들이 AI, 5G 등의 디지털 기술을 활용하여 변화될 것이라는 매우 흥미로운 설명이다.

코로나 기간 동안 영상 미팅 앱인 Zoom은 매달 3.5배씩 고객이 늘고, 밀레니엄 세대는 사진 중심의 인스타그램에서 영상 중심의 틱톡(TickTok)으로 대이동을 했기 때문에 '동영상 기반 5세대 소셜미디어가 블루오션이 될 것'이라는 시각은 매우 신선하게 다가온다.

도시 폐쇄, 이동제한 등으로 온라인 매출이 급증했지만, 향후는 온라인과 오프라인이 구별이 없는 디지털 서비스의 대변혁이 일어난다고 예측하고 있다. 그 예로 코로나 기간 동안 20만 명의 직원을 신규 채용한 월마트의 경우, 오프라인에 온라인을 결합하고, 인공지능과 로봇들을 매장과 창고에 배치해 코로나 위기에서 성장하는 성공신화를 보여 주고 있다.

60세 이상 노인이 사망자의 80%를 차지하고, 기저질환의 위험성을 인식한 사람들은 이제와는 다른 새로운 실버 산업과 헬스케어 서비스를 요구하고 있다. '아픈 사람을 고쳐주는 인간 의사 중심'에서 '선제적 예방과 돌봄의 인공지능 중심'의 혁신적 모델들이 대거 등장할 것이다.

AI와 5G가 여는 세상에서는 코로나로 인하여 변화되는 세상은 4차 산업혁명의 파괴적 혁신과 결합하여 상호 융합적이고 보완적으로 변해가는 기술과 산업들에 대해 지식을 제공하고 있다.

금년에 재계 CEO들의 신년사에서 공통되게 등장한 '디지털 전환

(Digital Transformation)'에 대한 궁금증을 해소해 주고, 인공지능을 한자로 쉽게 풀이해 주고, 5G의 핵심기술에 대해 명쾌하고 재미있게 설명해 준다.

각광받는 일자리 중 대표적인 농업, 자동차, 금융, 에너지, 식품에 대한 미래 변화 모습은 미래 직업 선택을 고민하는 젊은 세대에게 일독을 권하는 바이다.

"모든 변화에는 표면적 의미, 암묵적 의미,
담론적 의미가 같이 공존한다."
변화는 표면적이고 일시적인 관점보다는
암묵적이고 담론적 관점으로 볼 때,
미래 행동과 의사결정의 통찰력을 얻는
프레임 워크가 되는 것이다.

철학사전(개정증보판)과 철학사(전5권)

『철학사전』은 『철학사』(전5권)를 읽는 독자들을 위해 만들어졌다. 본 사전에는 아직도 각종 모순이 중첩되어 있는 이 땅에서 자연과 사회 및 인간 사유의 일반적 발전 법칙을 탐구하여, 올바른 세계관을 수립하고 각종 모순을 인식하고 해결하는 데 초석이 되도록 편찬되었다. 따라서 이 사전은 진보적 철학의 비중을 대폭 높였으며 특히 한국철학에 있어서 새로운 민중적 시각을 통해 재정리하고자 했다. 또한 이 사전은 철학의 근본문제를 비롯하여 여러 문제, 사회관, 인생관, 가치관, 역사관 등의 문제와 기타 철학의 발전과 긴밀히 연결된 사회과학과 자연과학의 논점도 동일한 입장에서 다루었다. 때문에 이 사전과 동일한 입장에서 일관성 있게 집필된 본사 발행 『철학사』(전5권)와 함께 유용한 지침서가 될 것이다.

철학사전편찬위원회 지음/4×6배판 칼라인쇄/고급 서적지 및 고급 양장케이스/정가 350,000원

『철학사』(전5권)는 국내판을 출간하는데 30여년에 걸쳐 기획되고 수정된 책으로 연 40여명의 편집인이 동원되었다. 본서는 1987년 7월 처음 출간되어 1998년 2월에 재편집되었으며 2009년 5월에 3차 증보판에 이어서 이번이 제4차 개정 증보판이다. 대본으로 사용한 책은 「러시아과학아카데미연구소」(Akademiya Nauk SSSR)에서 출간한 『History of Philosophy』(전5권)를 다시 국내에서 우리나라 실정에 맞게 재편집하고 현대적 용어와 술어로 바꾸어 번역한 것으로, 국내판은 고대 노예제 철학의 발생으로부터 자본주의 독점 시대까지의 철학을 재편집하였다.

크라운판 고급인쇄/고급 서적지 및 고급 양장케이스/전5권 세트 정가 650,000원

중원문화 아카데미 新書

중원문화 아카데미 新書

김종엽 저/420쪽/고급양장 신국판/
정가 28,000원

인격의 철학,
철학의 인격

한 철학자의 눈에 비친 인격에 대한 고찰!

저자는 여러 철학자들의 사유에 내재된 진정한 개성과 삶의 관점을 드러내 인격적 정체성이 무엇인지를 밝히고자 했다.

이 저서는 인격적 정체성을 사물과 구별되는 존재의 세계에서 설명하려는 실천적 과제를 안고 있습니다. 더불어 그것을 비판하는 논점과도 논쟁할 것입니다. 인격적 정체성을 정당화하려는 철학적 노력은 단순히 물리적 세계에 역행하는 무모한 시도가 아닙니다. 인격적 정체성에 대한 질문은 개별적 실존이 어떻게 변화무쌍한 삶의 실현과정에서 자기 자신과 동일함을 유지하며, 또한 동일함에 이를 수 있는지를 묻습니다.